# CAP SIZUN

*Du Raz de Sein*
*aux baies de Douarnenez et d'Audierne*

*Textes* Hervé QUÉMÉNER
*Photographies* Jean-Yves GUILLAUME
*Dessins* Jean-Yves ANDRÉ

GÉORAMA

Le Cap Sizun
Presqu'île de Crozon
Crozon
Morgat
N
Brest
30 km
Océan
Atlantique
Cap de la Chèvre
Baie de Douarnenez
Pointe du Millier
Maison-phare
Mégalithe
Ile Tristan
Moulin
de Keriolet
Poullan-
sur-Mer
Douarnenez
Beuzec-
Cap-Sizun
Phare
de l'île de Sein
Phare de
Tévennec
Pointe du Van
Chapelle de
Saint-They
Phare
de la Vieille
Baie
des Trépassés
Moulin de
Trouguer
D7
Cléden-
Cap-Sizun
Goulien
Moulin de
Trémaria
Manoir de
Kervenargant
Notre-Dame
de Kerinec
Manoir de
Kerdanet
D7
D765
Ile de Sein
Raz de Sein
Pointe
du Raz
Etang
de Laoual
Manoir de
Kerazan
Manoir de
Lezoualch
Manoir de
Lézurec
Manoir de
Suguensou
D765
Marquisat
Confort
Meilars
Plogoff
Primelin
Manoir de
Menez Braz
Pont
Croix
Goyen
D143
Anse du
Loc'h
Audierne
Plouhinec
Moulin de
Tréouzien
D784
Menez
Dregan
ensemble
mégalithique
Plozévet
Quimper
12 km
D2
Pors
Poulhan
Baie d'Audierne
Phare
de Goulenez
Roujou
Biladog
Kestell
Nerroth
Ny'fran
Le Lenn
Chaussée de Sein
Ar Guiveur
Kilaourou
0
500 m
1 km
Brest
Quimper
Rennes
Phare
Ar Men
D2
0
10 km
D57

Photo de couverture :
*Arrête méridionale de la pointe du Raz.*

# Sommaire



***

*« À mon fils Maxime qui m'a souvent accompagné en prises de vues et qui nous a quittés le 20 novembre 2016. »*
Jean-Yves Guillaume

***

*La pointe de Castelmeur, sur la côte nord de la presqu'île du cap Sizun est, depuis la Préhistoire, un site de défense protégé par une topographie exceptionnelle.*

# Le cap Sizun
## *De Douarnenez à l'île de Sein*

On ne lutte pas contre une légende : peu importe que d'autres caps, d'autres pointes, en Espagne, en Irlande ou même dans le Nord-Finistère affichent sur un GPS une longitude plus occidentale : la pointe du Raz reste le symbole du bout de la terre. Quand, de l'ultime promontoire, on regarde vers l'ouest les écueils que garde le phare de la Vieille, et au delà, l'île de Sein, on sent dans son dos, comme l'écrit Julien Gracq, « *le poids de toute l'Europe et de l'Asie* ».

Rien de plus propre à impressionner que cette salamandre de granite dont le corps se cambre sous l'assaut des vagues. Les côtes déchiquetées, les gouffres insondables d'où gerbe l'écume dans un bruit de tonnerre, les sueurs froides sous les bourrasques de suroît qu'éprouvent les audacieux

*Comment ne pas se sentir dominé par une nature écrasante quand on se fait escaladeur sur les roches de la baie des Trépassés ?*

inconscients qui veulent de trop près tutoyer l'abîme en empruntant des corniches improbables : tout concourt à rendre inoubliable l'expérience du cap. « Le cap » : en Basse-Bretagne, inutile de préciser. Il s'agit bien du cap Sizun, tout comme « la presqu'île » ne peut être que celle de Crozon. Le cap Sizun qui s'effile jusqu'au Raz de Sein, est peuplé par les Capistes, aussi bien individualisés dans l'esprit de chacun que ne le sont les Bigoudens de Bigoudénie, les « Penn Sardin » de Douarnenez ou les Pagans de Kerlouan. Une sorte de petite ethnie particulière dont le caractère bien trempé s'est forgé à l'image d'une rude nature. Les Capistes sont des gens peu enclins à attendre les bras croisés

*Moment de convivialité pour les habitués au* Barr Avel *à Cléden-Cap-Sizun.*

les cadeaux du ciel. Surtout quand le cadeau est empoisonné.

L'Administration, avec un « A » majuscule, l'a éprouvé de manière cuisante en tentant, il y a bientôt quarante ans, de bouleverser la vie locale par l'implantation d'une centrale nucléaire, après avoir qualifié la population de « naïve ». Le mot Plogoff suffit encore aujourd'hui à faire naître des images de résistance, de « *Pierres contre des fusils* », ainsi que Nicole et Jean Le Garrec ont baptisé leur film sur les événements de 1980. « *Résistance au mépris* », écrivait le journaliste René Pichavant, qui s'est identifié à ses amis du cap.

L'affaire mobilisa tout le cap et au-delà. Elle tombait mal pour ses promoteurs au moment où la conscience écologique s'éveillait, notamment à cause des marées noires qui affectaient régulièrement les côtes bretonnes. « *Mazoutés aujourd'hui, radioactifs demain* » criait la foule des manifestants dans tout le département, surtout après le désastre de l'*Amoco-Cadiz*.

*Les pêcheurs de Feunteun Aod, à Plogoff.*

*Sur les quais de l'île de Sein, le spectacle toujours recommencé des scruteurs d'horizon.*

L'affaire survenait aussi dans une région qui avait et a toujours le sentiment d'avoir largement payé son tribut à la nature comme à la patrie. Du monument saint-sulpicien de la pointe du Raz, Notre-Dame-des-Naufragés, on aperçoit, quand la hauteur de marée et la visibilité le permettent, le ballet héroïque des ligneurs qui traquent le bar, poisson noble, là où les déferlantes attirent le prédateur. Ces marins, que l'on ne peut suivre des yeux sans un frisson, sont les mêmes que ceux qui, depuis des siècles, arrachent leur survie à l'océan. Qu'ils soient de Douarnenez, d'Audierne ou de Sein, ils savent le prix à payer. Certains sont aussi les descendants du « quart de la France », ces Sénans qui, en juin 1940, ont cinglé vers l'Angleterre pour composer les premiers bataillons de la France Libre.

*Festin de goélands et dextérité audacieuse des ligneurs dans les eaux tumultueuses du Raz de Sein.*

*Début d'automne sur la baie des Trépassés.*

Le cap, par sa géographie, ne se ménage pas beaucoup de respiration. Pas d'anse ombragée de pins parasol comme à Crozon que l'on aperçoit dans le septentrion ; pas de terres basses avec leurs cordons de galets comme en pays Bigouden ; une seule grande indentation permet l'abri des bateaux, celle de la rivière Goyen qui offre de naviguer d'Audierne à Pont-Croix ; une seule grande baie ouverte sur le large, celle des Trépassés.

*Sur le site mégalithique de Pors Poullan*
*à Plouhinec, l'empreinte des siècles et du vent.*

Cette rudesse disparaît sur la côte sud, qui, de Primelin à la limite de Plouhinec, offre des étendues sableuses propres à réjouir les baigneurs. Quant aux randonneurs, ils trouveront leur bonheur sur la côte nord, baignée par la baie de Douarnenez, avec partout des falaises escarpées, des éperons barrés, des refuges de très belles colonies d'oiseaux marins, des petites plages secrètes et d'étroits havres où, s'amarrer, demande d'être à la fois marin et alpiniste.

*Côte sud de la pointe du Raz par ciel de traîne : Le diable marie sa fille, entre trouées solaires et grains de Nord-Ouest.*

*La plage de Mesperleuc en Plouhinec.*

Comme une arête en creux, au milieu des terres, une vallée aussi boisée que la pointe est pelée, par endroits coupée par des collines, mène de la baie des Trépassés à Quimper, située à près de 50 km du Raz. Géographes et géologues ont prouvé que ce relief se prolongeait sous la mer et, qu'il y a quelques milliers d'années, la pointe ultime du Finistère se trouvait au delà de l'actuel phare d'Ar-men. Les sommets des reliefs ennoyés par la montée des

*La Vieille et la Plate surfent sur la vague des Trépassés.*

eaux ont créé cette fameuse chaussée de Sein, redoutée des navigateurs, avec tous ses écueils affleurants dont l'île n'est que le principal. C'est également dans la hausse du niveau de la mer que l'on peut trouver l'origine du mythe de la cité disparue, Ys, située selon la légende en baie de Douarnenez. Les Capistes, pour leur part, l'enfouissent dans les profondeurs de l'étang de Laoual, à l'arrière de la baie des Trépassés…

La capitale du pays capiste est historiquement Pont-Croix qui est encore le chef-lieu de canton. La ville, petite cité de caractère, a gardé tout son charme, avec ses rues pavées, ses maisons anciennes en amphithéâtre sur le Goyen, ses monuments religieux et son ancien magistère sur la formation des prêtres du diocèse ; mais l'attraction urbaine est exercée par Douarnenez, à l'entrée nord-est du cap, qui a longtemps

*Pont-Croix, Douarnenez, la pointe du Van :*
*trois des plus belles étapes du cap Sizun.*

puisé à l'ouest les marins de sa flotte de pêche. C'est donc tout naturellement que l'on joindra la ville de la sardine à notre découverte.

Au sud, la frontière est nette puisque dans l'anse de Pors Poulhan, entre Plozevet et Plouhinec, une statue de Quillivic proclame depuis des décennies : « *Ici finit le pays bigouden* ». Là donc, commence le cap.

*Depuis 1904, la statue de marbre blanc de Notre-Dame-des-Naufragés apporte sa bénédiction à l'extrémité de la pointe.*

# La pointe du Raz, proue de l'ancien monde

« *Tout à coup, la mer que nous longions depuis longtemps sur notre gauche se découvrit à notre droite, vers la pointe du Van et la baie des Trépassés : ce fut tout. Ma gorge se noua, je ressentis au creux de l'estomac le premier mouvement du mal de mer – j'eus conscience en une seconde, littéralement, matériellement, de l'énorme masse derrière moi de l'Europe et l'Asie, et je me sentis comme un projectile au bout du canon, brusquement craché dans la lumière* ». C'est ainsi que l'écrivain Julien Gracq raconte sa première visite à la pointe du Raz en 1937.

Pas un mot à changer dans cette description. Ce n'est pas par hasard que le Grand site national reçoit un million de visiteurs chaque année. Sa beauté sauvage, « dramatique » dira même Sarah Bernhardt qui n'oubliait jamais qu'elle était tragédienne, continue d'envoûter en toutes saisons les esthètes, les rêveurs,

les amateurs de sensations fortes et les touristes familiaux. Il n'y a pas de monument à admirer (si ce n'est la statue de Notre-Dame-des-Naufragés) mais une roche nue, acérée, fracturée, que la végétation abandonne dans les dernières centaines de mètres car elle ne peut survivre dans un univers de grands vents et d'embruns salés. « *Le ciel par-dessus, l'océan par-dessous et le vent par le travers* », résume Yves Le Gallo, historien et fondateur de l'Université de Bretagne Occidentale.

Connue des navigateurs depuis l'Antiquité, appelée longtemps « Raz de Fontenay », c'est-à-dire « de la fontaine » parce que les navires pouvaient se ravitailler en eau sur le flan sud du cap, au lieu-dit aujourd'hui Feunteun Aod en Plogoff, la pointe domine l'océan Atlantique de 70 mètres. Elle s'y enfonce en se rétrécissant comme un coin perpétuellement auréolé d'écume : le point final de toute la péninsule du cap Sizun, un vrai bout du monde.

*La mer, inlassablement, façonne la roche du versant méridional de la pointe. Au fond, le phare de la Vieille.*

*Tapie comme un gigantesque reptile à crête, la pointe est un extraordinaire terrain d'escalade pour les audacieux.*

La pointe du Raz se découvre aujourd'hui comme l'aboutissement d'une mise en scène. Il faut d'abord passer par l'étranglement d'une entrée de parking destiné à canaliser la fréquentation. Depuis le développement de l'automobile particulière et des cohortes touristiques, c'est-à-dire grosso modo depuis la Seconde Guerre mondiale, le site avait été victime d'une surfréquentation sauvage. Ce qui avait grandement nui à la végétation, râpée par le piétinement. L'exploitation commerciale sans limite avait aussi pollué de diverses constructions l'éblouissement initial du site que ressentait, aux premières lignes de ce texte, Julien Gracq, avant-guerre. La cité commerciale était installée trop près de la mer et deux hôtels dont le romantisme ne se reflétait pas dans l'architecture, émergeaient de la lande de bruyère. Il fallait donc, comme on le fit plus tard au Mont-Saint-Michel, restituer au site toute sa majesté.

*Les hommes ont éprouvé le besoin d'apposer leur empreinte pour tenter de domestiquer, au nom de Notre-Dame-des-Naufragés, la sauvagerie des lieux…*

*… ou d'en faire un lieu d'observation : ici le sémaphore de la Marine Nationale.*

Les constructions ont été rasées à partir de 1996 dans le cadre d'une opération « Grand site » dont le label a été obtenu en 2012. Puis la zone d'accueil du public, avec son centre d'interprétation et ses commerces, a été reconstruite huit cents mètres vers l'intérieur des terres. Des cheminements piétonniers ont été tracés en bordure de mer tandis que sur l'épine dorsale circule une navette pour les personnes à mobilité réduite.

On pourrait craindre que ces aménagements nuisent à la sauvagerie du lieu et qu'une partie de l'âme de la pointe s'en soit allée. Ce serait mal connaître la force indomptable des éléments qui finissent toujours par saisir le visiteur.

Sitôt atteint le sémaphore, ancien emplacement d'un phare actif au XIXe siècle, on découvre dans l'axe du raz, le parvis de la statue de Notre-Dame-des-Naufragés. L'œuvre de

*Frissons au-dessus du vide.*

*Pas un arbre, une végétation rase et la mer d'Iroise pour horizon.*

Cyprian Godebski a été érigée à la demande de l'évêque de Quimper, avec l'autorisation de la Marine nationale, et bénite en 1905.

À partir de ce lieu, la promenade prend une autre dimension. Par temps clair, le promontoire permet de se sentir au milieu de la mer. À gauche, le soleil au zénith fait miroiter les vagues qui s'en vont traverser le golfe de Gascogne. Au nord, la baie des Trépassés mène à la pointe du Van et les yeux s'égarent dans un fourmillement bleuté de falaises, de caps, d'îles. La masse plus blanche du cap de la Chèvre, en presqu'île de Crozon, est facilement identifiable, de même que les trois rochers des Tas de Pois, en face de la pointe de Pen Hir.

Si la nébulosité ne l'emporte pas, on devine à l'arrière-plan les falaises de l'entrée de la rade de Brest et, sur leur gauche, une autre fin de la terre : celle de la pointe Saint-Mathieu. Il faut réunir de belles conditions atmosphériques pour apercevoir l'île de Beniguet, en face du port du Conquet, qui, lui, est caché par un repli de terrain. On a alors sous les yeux les trois principales pointes par lesquelles le tricéphale Finistère hume l'air du large.

Mais le spectacle qui rive le regard se situe en face, plein ouest. Comment se détacher du Raz ? Avant que des impératifs de sécurité maritime n'éloignent de la côte les gros navires, c'est à portée de vue que passait tout le trafic vers l'Europe du Nord. C'est ici que s'échouaient les barques, les frégates, les vapeurs qui avaient mal évalué les tirants d'eau entre les écueils ou qui avaient dérivé sous l'effet du vent et surtout des courants. Un jour de visite, le spectacle était dantesque et l'on s'étonnait de voir, à quelques brasses des gerbes d'écume, une flottille de six ou huit canots, même pas pontés, qui semblaient jouer avec les éléments. Les ligneurs étaient à l'ouvrage. Ils pourchassaient à l'hameçon, le roi des prédateurs de l'Iroise, le bar qui affectionne ces remous.

*Délice d'écume : la mer avance sa vague comme une langue pour goûter la finesse du sable de la baie des Trépassés.*

*Dialogue de phares : quand la Vieille interpelle cet élégant de Goulenez, à Sein.*

Leurs repères ? Des alignements appris de leur père et de leur grand-père à partir notamment des deux figures tutélaires du Raz, les phares de la Vieille et de la Plate. Dans leur ligne de mire, aussi, à six kilomètres dans le nord-ouest, le phare de Tevennec, point blanc sur son îlot, en attente de sa nouvelle vie.

Au-delà de la Vieille, comme un radeau sur la mer, l'île de Sein semble perdue dans l'immensité. Elle apparaît plate et linéaire. Il faudra la découvrir depuis les airs pour saisir l'étranglement de sa taille et la sinuosité de ses formes. Avec un peu de chance, on verra aussi le phare d'Ar-Men, douze kilomètres à l'ouest de l'île. Au crépuscule, on le repère grâce à ses trois éclats blancs toutes les vingt secondes.

Difficile de se rassasier du spectacle qu'offre la proue de l'ancien monde. Mais la découverte n'est pas achevée. Elle réclame un peu d'aventure mais pas trop car le danger guette sur

*Une santé de roc, dressé depuis des millénaires, prêt à mordre les nuages…*

*Le petit port de Bestrée sur le flanc du cap : il y a quelques décennies, on y embarquait acrobatiquement pour l'île de Sein.*

les chaos de rochers où certains passages sont usés par les chaussures et les mains des millions de visiteurs jouant à se faire peur au-dessus des précipices. L'attraction de l'époque romantique, à la fin du XIXe siècle, se trouve là, à gauche, en contrebas. C'est l'enfer de Plogoff, un gouffre où les vagues se heurtent l'une l'autre au débouché d'une sorte de tunnel. L'eau jaillit alors comme un geyser, dans un fracas de fin du monde qui fait courir un délicieux frisson sur l'échine. Sarah Bernhardt qui, avant d'acheter son refuge de Belle-Île, a vécu une partie de son enfance en Bretagne et y est revenue fréquemment, raconte comment elle y fut saisie par la peur de sa vie. La scène se passe en 1880. L'actrice a 36 ans. « *Il y avait une crevasse* […] *J'avais une folle envie d'y descendre mais le gardien m'en dissuadait toujours* ». Elle finit par le faire fléchir, attache une forte corde à une large ceinture et revêt ses mains de sabots cloutés « *car vous ballotterez dans la crevasse. Vous vous défendrez en étendant les bras contre la paroi* », lui dit le guide qui ajoute : « *C'est les naufragés qui sont là sous les pierres, en bas. C'est eux qui dansent au clair de lune sur la plage des Trépassés. C'est eux qui mettent du goémon gras sur la petite roche, en bas, pour faire tomber les voyageurs qu'ils entraînent ensuite dans le fond de la mer* ».

*Dans ce chaos étonnant,*
*un improbable cheminement…*

Elle descend au bout de la corde. « *Un effroyable fracas envahit mon cerveau : des coups de canon successifs, des coups de fouet stridents, claquants, féroces, des hurlements plaintifs… et les "han" fatigués d'une centaine de matelots tirant une senne remplie de poissons, d'algues et de pierres. Je devenais enragée de colère contre moi, car la peur m'avait saisie* ».

Elle parvient sur le petit rocher, se cramponne à un large anneau et contemple le spectacle : « *La crevasse longue et étroite s'élargissait tout à coup dans sa base et se terminait par une large grotte qui donnait sur la pleine mer (…) Un faux pas pouvait être mortel dans le remous brutal des lames qui accouraient de loin avec une vitesse vertigineuse, se broyaient contre l'obstacle insurmontable et choquaient en se reculant d'autres lames qui les suivaient. De là, le jaillissement perpétuel de ces fusées d'eau* ».

Elle tire sur la corde pour donner le signal de la remontée. « *Je ne vis plus, pendant que je montais en l'air, que des yeux partout : des yeux jetant de longues antennes pour avancer vers moi. Je n'avais jamais vu de pieuvres…* ».

« *Ce sont les yeux des naufragés,* lui dit le guide, *il ne faut pas rester là* ».

Elle passa le reste de ses vacances à la pointe du Raz, assise dans une encoche de roche qu'on a surnommée « le fauteuil de Sarah Bernhardt ». Mais sans doute est-ce l'affabulation d'un guide imaginatif.

# LE PROJET NUCLÉAIRE DE PLOGOFF OU L'ÉVEIL DE LA CONSCIENCE ÉCOLOGIQUE

*Des pierres contre des fusils* ou « *Mazoutés aujourd'hui, radioactifs demain* » : Le titre du film de Nicole et Félix Le Garrec ou le slogan des manifestations monstres du tournant des années quatre-vingt traduisent bien les réactions des Bretons, et singulièrement des Capistes, face à l'irruption dans leur quotidien de deux séries d'événements dont ils ont été aussi bien les victimes que les acteurs involontaires.

L'énergie pétrolière et l'énergie nucléaire percutent de plein fouet la pointe de Bretagne en 1978. Depuis une bonne décennie déjà, on sait les côtes bretonnes particulièrement vulnérables aux accidents du transport maritime d'hydrocarbures. La marée noire du *Torrey Canyon* en 1967 a souillé les côtes de Bretagne Nord. Mais le naufrage de l'*Amoco-Cadiz* en mars 1978 devant les rochers de Portsall est d'une autre ampleur. Plus de 300 km de littoral sont touchés par les 240 000 tonnes de fuel en dérive. Les Bretons se retroussent les manches pour nettoyer mais ils descendent aussi dans la rue pour dire qu'ils refusent le productivisme, cette course au « toujours plus » qui met en danger l'avenir de leurs enfants.

*Les falaises de Feunteun Aod furent choisies pour implanter la centrale nucléaire.*

Le mazout n'est pas encore digéré par la mer que, huit mois plus tard, le Conseil général du Finistère choisit le site de Plogoff pour l'implantation d'une centrale nucléaire. Le vote s'inscrit dans un processus enclenché dès 1974 lorsque le gouvernement décide de trouver une alternative à la dépendance française au pétrole arabe, en misant sur l'énergie de l'atome. Plusieurs implantations ont été étudiées à travers la Bretagne. Techniquement, celle de la pointe du Raz se révèle la plus adaptée, notamment du fait d'un important brassage de l'eau de mer, entre Feunten Aod et Pors Loubous. Une autre raison, qui apparaît en filigrane et qui révoltera les Capistes, c'est que les autorités pensent qu'il sera aisé de convaincre une population « naïve », comme l'a laissé dire un représentant de l'État. Pendant plus de six ans, jusqu'à l'élection de François Mitterrand à la présidence de la République, qui abandonnera le projet, le feuilleton de Plogoff va tenir en haleine les habitants du Cap et au-delà.

Les premières barricades apparaissent dès 1976, pour empêcher les techniciens d'EDF de procéder à des sondages de terrains sur le site retenu. Dès qu'une nouvelle phase se profile, la municipalité et le comité de défense se mobilisent. Ils ne supportent pas que le projet soit retenu sans que l'avis des principaux concernés soit pris en compte. Les premiers jets de grenades lacrymogènes et de canon à eau fusent ; comme à Quimper le jour du vote du Conseil général, le 29 novembre 1978. Deux mois auparavant, la jonction entre les défenseurs du littoral et les antinucléaires avait déjà rassemblé 15 000 manifestants à Brest. Parallèlement, la lutte des habitants de Plogoff mute ; elle avait débuté sur l'air de : *« Pas chez moi »* ; elle se poursuit en martelant : *« Le nucléaire, ni à Plogoff, ni ailleurs »*.

La détermination des Capistes va se démontrer sur le terrain à partir du 30 janvier 1980 lorsque commence l'enquête d'utilité publique. Le maire, Jean-Marie Kerloc'h, refuse que les registres soient installés dans la maison commune. Le préfet contourne l'obstacle en installant des mairies-annexes dans des fourgons où les commissaires attendent les pétitionnaires. Des gendarmes qui logent à l'ancien petit séminaire de Pont-Croix (réquisitionné), tentent d'assurer la légalité de la consultation sous les quolibets et les cantiques des habitants tandis que le glas résonne au clocher. Chaque soir, le départ des fourgons est l'occasion d'affrontements : d'un côté des pierres, de l'autre des fusils lance-grenades. Dans la nuit, le lieu de stationnement des fourgons-mairie à la chapelle Saint-Yves est labouré, encombré de toutes les carcasses de

Photo Eugène Le Droff

*La fausse bonne idée de la mairie-annexe dans des camionnettes a cristallisé la révolte chaque soir pendant toute la durée de l'enquête publique.*

Photo Eugène Le Droff

*Démonstration de force des opposants, en direction du site de Feunteun Aod.*

voiture disponibles et arrosé de l'odorant lisier des porcheries. Les camionnettes Peugeot sont ensuite installées à Trogor. La guérilla reprend, des barricades de poteaux téléphoniques s'érigent comme par enchantement. Le même scénario de violences, d'arrestations et de jugements du tribunal correctionnel de Quimper durera quarante-cinq jours.

La création d'un groupement foncier agricole, d'une bergerie, des plantations d'arbres et une manifestation de 150 000 personnes à la baie des Trépassés à la Pentecôte 1980 ponctuent la lutte qui ne s'achèvera que le 10 mai 1981 avec l'arrivée de la gauche au pouvoir.

La mobilisation des Capistes contre le nucléaire, renforcée par celle de dizaines de milliers de manifestants à Brest et à Quimper contre les marées noires, apparaît, plus d'un tiers de siècle plus tard, comme l'événement fondateur de l'éveil de la conscience écologique en Bretagne.

# LA POINTE DU MILLIER AUTOUR D'UN PHARE

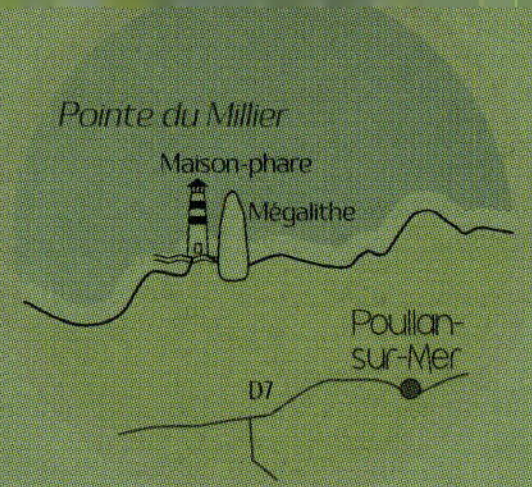


Pour découvrir les atouts de la côte nord du cap Sizun, il est plus aisé de passer par Douarnenez et de suivre, à la sortie de Tréboul, la route de Poullan-sur-Mer. Trois kilomètres après ce bourg, une route à droite mène à la pointe du Millier et à son parking en surplomb de la baie de Douarnenez.

Pour accomplir une boucle, commencer par suivre la signalétique menant, sous une futaie, au moulin à eau de Keriolet. La bâtisse, rénovée récemment, dispose d'une roue à aubes en acier de très grande taille dont le couple puissant permet la mise en œuvre de lourdes meules. Malgré un débit d'eau assez réduit, l'installation astucieuse est opérationnelle et délivre aux acheteurs de la farine garantie produite sur place.

Depuis le moulin, un sentier de contournement de la petite combe se heurte bientôt à une grande masse de granite : la barque de saint Conogan. Le menhir couché est ainsi dénommé par référence à un moine gallois, connu aussi sous le nom de saint Guénoc qui aurait traversé la Manche au v$^{e}$ siècle pour participer à la christianisation de la Bretagne. Qui dira à la suite de quels conflits, de quelles épidémies, de quels cataclysmes naturels, le menhir n'a jamais été planté ? Il présente effectivement une courbe qui peut laisser penser à l'étrave d'un navire. Une chapelle, en retrait de notre circuit, est également dédiée à saint Conogan. On pourra la voir au retour, à gauche de la voie bitumée.

Depuis le mégalithe, par un petit chemin d'exploitation de la ferme d'élevage voisine, on repique sur la mer en direction de la maison-phare du Millier.

*La maison-Phare du Millier, en balcon sur la baie de Douarnenez, non loin du moulin de Keriolet qui fleure bon le blé moulu.*

Le site est grandiose : la maison blanche aux encadrements de granite se détache sur fond de bruyères et d'ajoncs et domine la baie de Douarnenez. À l'arrière-plan, le Menez-Hom se perd dans les brumes. Le phare qui occupe la façade nord de la construction est invisible de la terre car il ne dépasse pas les tuiles faîtières de la maison. Il faut longer le mur de clôture de la propriété des Phares et Balises, côté est, pour admirer une tour de 8 m de haut, dominant la mer de près de 40 m. La maison du gardien, dans laquelle le phare est encastré, date de 1881. L'ensemble est automatisé depuis 1993.
Prendre ensuite la direction du sud-ouest, le long du GR 34. Les falaises sont ourlées d'écume car leur descente dans l'eau n'est jamais franche. Leur plongeon est partout précédé d'une myriade d'écueils qui rendent toute activité humaine difficile. Celle-ci se concentre dans les échancrures, comme c'est le cas, un peu plus loin, à Pors Peron. Abritée des vents dominants, la plage y est agréable et un camping la surplombe. Dans l'anse, une roche en forme de V est baptisée « garreg toull », la roche percée. La légende veut qu'elle ait servi de piste d'envol à la barque de saint Conogan qui s'en alla rebondir deux kilomètres plus loin, à Keriolet, où elle est toujours.
On pourra rentrer à la pointe du Millier, en empruntant un chemin rural, par le village de Pors Peron, en direction de Lescogan où l'on retrouvera la chapelle de saint Conogan.

Ne pas rater, à 700 m au sud de Lescogan, l'allée couverte de Kerbalannec, dite aussi « maison des Korrigans », longue de 13 m, un des plus beaux monuments mégalithiques du cap Sizun.

*De la maison des Korrigans, ci-dessus, à l'anse de Pors-Péron, ci-dessous, une belle balade avec la baie de Douarnenez en toile de fond.*

*La baie des Trépassés au paroxysme de la fureur des flots sur lesquels galopent des légendes venues du fond des âges.*

# *Ys, la maudite ; Iseult, la blonde*

« *Ys, la maudite* » : empruntons à la troupe de théâtre en breton *A Vro Bagan,* le titre de son spectacle sur la légendaire ville d'Ys, la cité engloutie.

Maudite : c'est effectivement l'adjectif que la tradition fortement christianisée du XIXe siècle accole à un mythe universel qui court de l'Atlantide à Tolente : maudite et punie de destruction à cause de la débauche de ses habitants et particulièrement de la princesse Dahu, la fille du roi Gradlon, Ys serait une sorte de Sodome et Gomorrhe celtique où la statue de sel serait remplacée par la noyade.

Cette légende ancienne, qui trouve sans doute ses sources dans la montée des eaux de la mer, qui a noyé les côtes bretonnes quelques millénaires avant notre ère, a été revue et corrigée pour tenir les populations dans la crainte de Dieu et qu'elles ne sombrent pas dans le péché.

*En retrait de la baie des Trépassés, l'étang de Laoual, aux profondeurs dites insondables, serait le lieu d'engloutissement des murailles de la ville d'Ys...*

La légende n'est pas figée dans des documents anciens. On a plutôt l'impression que chaque auteur qui s'est confronté au sujet a laissé la bride sur le cou à son imagination.
Les Bretons de l'ouest de la Cornouaille sont aux premières loges pour l'apprécier puisque les récits les plus connus situent la ville dans la baie de Douarnenez. Il suffit encore aujourd'hui d'une grande marée et de concrétions marines furtivement aperçues par un pêcheur à pied pour que la presse locale y fasse allusion. La légende est toujours sous-jacente, entre la plage du Ris à Douarnenez, le cap de la Chèvre sur la presqu'île de Crozon et la pointe du Van, au nord du Raz.
Mais les Capistes vont plus loin : ils s'approprient Ys en la situant dans les profondeurs de l'étang de Laoual. Cet étang est idéalement placé pour remplir ce rôle puisqu'il occupe la dépression courant au milieu de la presqu'île du cap Sizun, entre la pointe du Raz et celle du Van et, surtout, dans l'arrière-plage de la baie des Trépassés.

La légende connaît un tel succès dans la littérature pour enfants comme pour adultes, les spectacles de danse ou de théâtre, parce qu'elle dispose de belles racines : la réalité d'une montée des eaux, comme on vient le dire, mais aussi la mise en scène de personnages historiques.

La ville est administrée par le roi Gradlon dont les historiens pensent qu'il a réellement existé, voire même que plusieurs chefs ont porté son nom vers le V$^{e}$ siècle après Jésus-Christ. Pour les esprits sceptiques, rappelons que sa statue trône entre les deux flèches de la cathédrale de Quimper… édifiée sept siècles après la mort supposée du roi.

Le second personnage est un prêtre venu du Pays de Galles qui apparaît comme un des principaux évangélisateurs de la Bretagne. Il s'agit de saint Guénolé, le fondateur de l'abbaye de Landévennec, à l'entrée de la presqu'île de Crozon. Guénolé partage avec saint Corentin, dont le nom a été donné à la cathédrale de Quimper après qu'il en fut le premier évêque,

*Autre lieu propice aux envolées de l'imagination : les indentations de la pointe du Van, par temps de brouillard.*

*Par contraste, le visage du roi Gradlon, à la cathédrale de Quimper, apparaît empreint de sérénité.*

La fuite du roi Gradlon *par Evariste-Vital Luminais, (Musée des Beaux-Arts de Quimper). Le roi jette à l'eau sa fille Dahu, sur l'injonction de Guénolé, à gauche. Dessous, coucher de soleil sur le Raz de Sein.*

le privilège d'avoir été l'interlocuteur du roi Gradlon et même sa conscience spirituelle.

Les toponymistes ajoutent leur grain de sel à la légende en assurant que le port primitif de Douarnenez, Pouldavid, au fond de la ria qui vient de Tréboul en traversant le Port-Rhu et son musée des bateaux, s'appelle en vieux breton Poul-Dahu.

Tout semble ainsi réuni pour montrer que la ville d'Ys a de solides fondations, à défaut d'avoir des murailles résistant aux flots.

Ainsi donc, la ville d'Ys de la légende avait été construite au milieu de la mer, sous le niveau des plus fortes marées. Mais elle était entourée de remparts qui la protégeaient de la fureur de l'océan. Le danger excitant sans doute les sens, elle devint un lieu de débauche, de fêtes orgiaques auxquelles participait avec beaucoup d'entrain, Dahu, la fille du roi. Une nuit de tempête, à la demande de l'un de ses amants, Dahu subtilisa les clés de la ville dans les vêtements de son père endormi. L'amant ouvrit les portes des murailles et aussitôt l'eau se mit à envahir la cité. Alerté par Guénolé, Gradlon se prépara à la fuite avant que le niveau de l'eau ne devienne critique. Il sella son cheval qui avait déjà de l'eau jusqu'au poitrail.

Implorant qu'il l'emmène, Dahu se jeta sur son passage et sauta en croupe. Guénolé et Gradlon chevauchaient de concert vers la terre ferme quand le premier se rendit compte que l'animal du roi peinait sous sa double charge. Tous allaient se noyer. Le moine adjura alors le père d'alléger son coursier en abandonnant sa fille. Ce que, la mort dans l'âme, partagé entre son amour paternel et l'obéissance à son guide spirituel, Gradlon finit par faire, laissant aux vagues le soin de punir la pécheresse.

Une telle fable ne pouvait que recevoir un bel écho chez les pasteurs chrétiens qui avaient déjà, historiquement, usé et abusé de la peur du châtiment céleste pour tenir leurs ouailles dans les règles de la morale. On pense ici aux prédicateurs que furent Dom Michel Le Nobletz et le père Maunoir. Au XVII$^{e}$ siècle, ces derniers appuyèrent la reprise en main de fidèles ébranlés par la réforme protestante sur une communication binaire : le bien et le mal, l'enfer et le paradis. Ils se servaient pour cela de grands tableaux illustrés, les *taolennoù*, qui, de manière très graphique, avec notamment la représentation des différents péchés mortels, indiquaient le chemin à suivre pour sauver son âme. Michel Le Nobletz fut très actif à Douarnenez et à l'île de Sein, entre autres. Une chapelle lui est dédiée au Conquet.

*Après la tempête entre la baie des Trépassés et la pointe du Van. Moment béni de calme alors qu'un nouveau coup de tabac se rapproche par l'ouest.*

*La sauvagerie du mariage des reliefs formidables et des déferlantes impressionne depuis toujours les visiteurs du cap.*

Mais les prédicateurs ne sont pas parvenus à éradiquer la belle histoire. Dans l'imaginaire des conteurs, Dahu, aussi appelée Ahes, continue de hanter la mer d'Iroise. Par un glissement dont les poètes ont le secret, elle est venue se confondre avec une autre figure, celle de Marie-Morgane. Velleda, la grande prêtresse et ses neuf vestales de l'île de Sein (voir le chapitre consacré à l'île) auraient été égorgées sous prétexte de sorcellerie par le roi Conan Meriadec. De leur sang naquit Marie-Morgane que l'enchanteur Merlin instruisit en magie. Et de vieux pêcheurs vous jureront qu'ils l'ont vu ressortir vivante des flots qui envahissaient la ville d'Ys et parcourir l'océan sur un char tiré par sept dauphins. Voilà qui doit arracher des larmes à la statue de pierre de Gradlon.

La seconde légende s'enracine elle aussi à Douarnenez : les amours de Tristan et Iseult se rattachent à la tradition des romans médiévaux du cycle arthurien. Le récit, déjà colporté oralement sans doute depuis le Ve siècle de notre ère, époque où le roi Arthur régnait des deux côtés de la Manche, a été retranscrit par l'auteur normand Béroul au XIIe siècle. Il raconte les amours de Tristan, le neveu du roi Marc'h à tête de cheval, avec Iseult la blonde, la fille d'un roi d'Irlande. Marc'h, l'Armoricain, paie un tribut à ce roi d'outre-Manche.

Tristan and Isolde
*par Herbert James Draper*
*(Musée des Beaux-Arts de Quimper).*
*Dessous, chaque coucher de soleil*
*est un nouveau spectacle, à la pointe*
*du vieux monde.*

Ce que Tristan ne supporte plus. Il part guerroyer en Irlande et tue le géant Morholt, le beau-frère du roi de l'île. Mais au cours du combat, il reçoit un coup d'épée empoisonnée. Il guérit grâce au philtre magique que possède Iseult, la fille du roi. Il rentre en Bretagne où son oncle déclare qu'il veut épouser la femme à laquelle appartiennent les cheveux d'or que deux oiseaux viennent de lui apporter. Tristan se souvient d'Iseult et revient en Irlande comme ambassadeur de paix. Iseult consent à épouser le roi Marc'h et elle accompagne Tristan dans son trajet de retour. Mais au cours de la traversée, assoiffés, les deux jeunes gens s'abreuvent par erreur à un philtre qui les rend inséparables pour trois ans. Iseult épouse Marc'h mais passe sa nuit de noce avec Tristan. Les péripéties s'enchaînent, les amants se séparent jusqu'au moment où Tristan est de nouveau blessé. Seule Iseult peut le sauver. On l'appelle. Le navire qui la ramène doit porter des voiles blanches si elle consent à sauver Tristan. Jalouse, la nouvelle femme de Tristan annonce qu'elles sont noires. Tristan se laisse mourir de tristesse et Iseult la blonde le rejoint dans le trépas.

*Depuis le Port Rhu, l'île Tristan en toile de fond. À gauche, Tréboul, à droite la rive douarneniste.*

Ce roman a connu une fertile descendance, décliné en poèmes, en chansons, en symphonies, en pièces de théâtre. Aujourd'hui, des études savantes lui donnent Douarnenez comme port d'attache. On a cru longtemps que le récit s'ancrait en Écosse à cause du nom de lieu que cite Béroul, à savoir Léones. Un chercheur du CNRS, Bernard Tanguy, s'appuyant sur les comptes rendus du voyageur arabe Idrissi au XI$^{e}$ siècle, et sur le toponyme Tristan, l'île qui fut le premier site de la ville de Douarnenez (étymologiquement « la terre de l'île »), expose de manière convaincante que le Léones en question pourrait être Douarnenez. Léones vient du latin *legiones*, le lieu où est implanté une légion. Ce qui fut certainement le cas à Douarnenez où les vestiges romains, les cuves à garum (sauce-condiment à base de poissons) des Plomarc'h, entre la plage du Ris et la ville, sont encore une attraction touristique. La légende prend davantage de relief lorsqu'on se souvient de

la découverte extraordinaire faite en 1884 : un cercueil de chêne entourant un sarcophage de plomb, enfoui à deux mètres de profondeur, rue Fontenelle. À l'intérieur gisait un squelette de femme, entouré d'étoffe tissée d'or. Des gobelets et des épingles de jais datant du IVe siècle et provenant d'York en Angleterre complétaient la découverte (à voir au Musée départemental de Quimper). La découverte archéologique, d'une part, et la légende, d'autre part, n'ont vraisemblablement aucun lien entre elles mais il faut avouer que réunir Tristan et Iseult en terre douarneniste serait une belle trouvaille : la réalité dépasserait la fiction.

Ce mythe, comme celui de la ville d'Ys, se rattache au plus grand bouleversement qu'ait connu la Bretagne d'autrefois : l'arrivée sur son sol, à partir du IVe siècle, de nombreux réfugiés d'outre-Manche fuyant les invasions saxonnes dans leur île. En Bretagne, l'identité s'est forgée dans une féconde réalité plurielle.

*Soir de grand calme sur la baie des Trépassés.*

# TRÉPASSÉS : LA BAIE DES CONTRASTES

*La baie des Trépassés est la seule échancrure d'envergure du cap Sizun. Elle est aussi bien le terrain de jeux des surfeurs que le réceptacle de toutes les imaginations, parfois morbides.*

Nous sommes au printemps, le soleil ne se couchera pas avant 21 heures. Il brille encore de tous ses feux et ses rayons dansent sur les vagues dont le sommet s'ourle à peine d'écume blanche. La marée descend doucement. Elle libère d'immenses espaces où le pied nu laisse des empreintes qui se remplissent immédiatement d'eau. Un peu plus loin, les surfeurs ont laissé leur matériel après leur belle session du début d'après-midi. Assis dans le sable, les mains croisées sous les genoux, une jeunesse colorée et enthousiaste attend que l'orbe d'or s'engloutisse dans l'océan. Devant la beauté du spectacle, il faut se pincer pour s'assurer que l'on est bien sur la rive de la terrifiante baie des Trépassés.

L'impression serait certainement différente un soir de novembre, par forte tempête de suroît ou par temps de brume quand on ne distingue plus le ciel de la mer. La baie mérite alors sa réputation.

Une légende qui pourrait remonter aux commerçants grecs de l'Antiquité, en route pour les îles Cassiterides où ils achetaient de l'étain, rapporte que sur cette plage viennent s'échouer tous les noyés des parages. La tradition chrétienne s'en est emparée et assure que c'est ici qu'officie Tremener, le passeur, celui

*Voir s'y égrener les heures du jour ne suffit pas à saisir toutes les nuances de la baie…*

qui transporte les âmes des morts jusqu'à une île mystérieuse, dans l'au-delà, pour un jugement dernier.

On dit aussi que le 2 novembre, jour des morts, les âmes sans repos qui croupissent au purgatoire viennent jusqu'au bord de l'eau pour interpeller les vivants.

Des explications plus triviales subsistent : la mémoire aurait retenu l'embarquement des corps de druides décédés que l'on ensevelissait à l'île de Sein, où la tradition de la religion des Gaulois s'est perpétuée au moins jusqu'au XVII$^{e}$ siècle. La science moderne a supputé que les courants marins, dans le Raz, adoptent un tel parcours que les épaves et les corps des noyés sont drossés sur cette côte. Mais l'expérience prouve que c'est faux. Puis des toponymistes ont avancé, comme clé de l'énigme, une simple erreur de traduction : on aurait confondu dans des temps anciens deux formes bretonnes du nom de lieu. *Bae an anaon*, la baie des âmes des disparus, aurait remplacé le *bae an avon* qui veut dire la baie de la rivière ; celle qui justement relie la baie et l'étang de Laoual. Et dans cet étang, des récits fabuleux racontent, comme on le rapporte par ailleurs, que s'est engloutie la ville d'Ys.

On croit se débarrasser de la légende et elle revient au galop…

*… il faudrait y passer les quatre saisons, sachant qu'il s'y produira toujours un éternel miroitement inédit.*

# DES PLOMARC'H À L'ÎLE TRISTAN

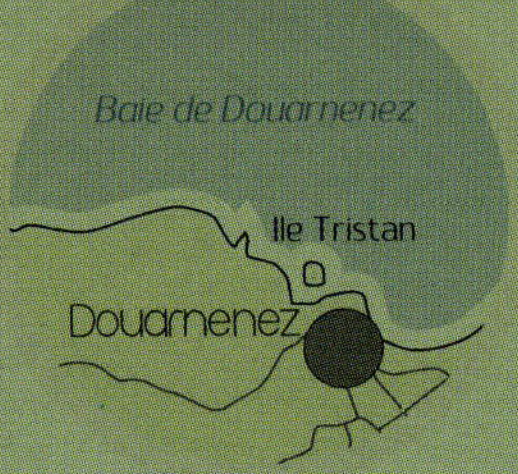


Rejoindre un site empreint du mystère entourant les amours de Tristan et Iseult au départ de vestiges gallo-romains : c'est à une introduction au riche passé de Douarnenez qu'invite cette balade.

Les Plomarc'h, à l'entrée Est de la ville au débouché de la plage du Ris, constituent l'ultime témoignage d'une industrie développée par les Romains. La sardine abondait dans les premiers siècles de notre ère et les enfants de César mirent au point une technique pour faire bénéficier de son parfum les populations éloignées de la mer. Ils inventèrent le garum, une sorte de *nuoc nam* antique obtenu grâce à la macération d'huile de poisson et d'aromates. On peut voir encore aujourd'hui les quinze cuves de préparation et de stockage du condiment.

Par le sentier des Plomarc'h, en laissant sur la gauche le clocher de l'église de Ploaré, on entrera dans le lacis des rues qui dominent le port du Rosmeur. Les quais sont une halte bienvenue avec leurs bistrots et leurs restaurants. Il suffit ensuite de longer le bassin jusqu'à l'usine à glace qu'après concassage, un grand tuyau mobile insuffle directement dans la cale des navires de pêche. De là, on voit sur la droite, le *slipway* de réparation navale où les gros navires semblent des jouets.

En suivant la mer, on finit par remonter vers le vieux port, le Port-Rhu et son musée à flot. La passerelle Jean Marin permet de rejoindre la rive gauche. On se trouve là entre les deux ports de plaisance de l'agglomération : en aval celui de Tréboul, avec une belle vue sur l'île Tristan, et en amont, celui de Pouldavid, lieu d'échouage primitif.

*Les cuves à garum des Plomarc'h.*

*L'île Tristan.*

*Le port de Douarnenez.*

Même si l'île Tristan se trouve plus proche de Tréboul, c'est par le port du Rosmeur que l'on peut l'atteindre à pied sec par grandes marées basses. Quand la mer est pleine, il faut emprunter un bateau-navette.

L'île Tristan est un lieu mythique : elle abriterait les tombeaux de Tristan et Iseult, les célèbres amants maudits. La légende, comme on l'explique par ailleurs, s'enracine dans cette petite terre de sept hectares occupée depuis l'Antiquité. Les premiers habitants de la région avaient choisi cet espace facile à défendre, à partir duquel ils fondèrent Douarnenez, expliquant ainsi le nom de la cité : *Douar an Enez*, soit « la terre de l'île » en langue bretonne.

Les Romains, les moines du Moyen Âge s'y succédèrent. Pendant les guerres de la Ligue, le bandit de grand chemin Guy Eder de La Fontenelle fit de l'île son quartier général. Sa « carrière » s'acheva sur la roue, en place de Grève, à Paris... Redevenue prieuré, l'île connut l'essor économique au XIXe siècle quand y fut construite une conserverie dont on peut encore voir le bâtiment principal. Puis elle devint lieu de villégiature pour la famille du poète Jean Richepin. Elle est actuellement propriété du Conservatoire du littoral. Elle est gardée et ne se visite qu'en groupe afin de sauvegarder son patrimoine historique, sa faune et sa flore. Seuls les quais sont en libre accès.

*La situation exceptionnelle de la chapelle Saint-They, sur les falaises de la pointe du Van, en fait l'amer incontournable de toutes les visites du cap.*

# Un patrimoine religieux empreint de traditions maritimes

Sept cents ans après la traversée de la Manche par les fameux saints celtiques, du Pays de Galles ou de Cornouailles, venus évangéliser la Bretagne, les contacts entre les deux rives étaient-ils toujours aussi actifs au XIIIe siècle ? C'est ce que laisse penser l'étrange similitude entre l'architecture de la très belle église paroissiale de Pont-Croix, Notre-Dame-de-Roscudon, et celle de plusieurs édifices religieux anglais et gallois. On ne sait pas dans quel sens circulait le courant artistique mais on retrouve dans les deux cas des piliers massifs entourés de fines colonnettes. Les arcs sont à voussures multiples et leurs moulures convergent à la base. Le tout peut donner l'impression d'une forme de coquillage. L'église, dont la construction débute en 1260, emprunte à la fois au style roman et au style gothique qui naît à cette époque.

*Au cœur de Pont-Croix,*
*l'église paroissiale Notre-Dame-de-Roscudon,*
*modèle architectural adopté dans toute la région.*
*En bas, le vitrail de son abside.*

On assure même que le monument est le premier en Bretagne à accueillir des arcs brisés. Elle sera modifiée et agrandie, au fil de la prospérité du port, jusqu'au chevet flamboyant du XVIe siècle.

Aujourd'hui encore, elle impressionne le visiteur, sans doute à cause des différences de niveau du sol qui portent le regard vers le chœur. Spécialiste d'art religieux, le chanoine Maurice Dilasser attire l'attention sur le repas de la Cène en bois polychrome en ronde-bosse, installé à l'arrière du maître-autel : *« L'événement est théâtralisé ; le spectateur comme invité par un apôtre à participer à la scène, saisit le moment où le Christ annonce que l'un de ses disciples le trahira. Alors émotion, surprise, dénégation, commentaires : le drame se joue sous ses yeux. »*

L'architecte chargé de la construction, au XIX<sup>e</sup> siècle, des flèches de la cathédrale de Quimper ne s'est jamais caché d'avoir pris pour modèle la flèche de Pont-Croix. Plus généralement, Notre-Dame-de-Roscudon et pour le moins certains détails de son architecture ont servi de canevas pour plusieurs églises et chapelles du cap Sizun et alentours. Une exposition circule dans la région qui montre comment cette inspiration a été déclinée par les différents constructeurs à tel point que l'on a pu parler d'école architecturale de Pont-Croix.

Impossible de les passer tous en revue, ces joyaux de granite qui parsèment la campagne. C'est par la grâce des coups de cœur que l'on progressera. En commençant par l'est, on verra avec plaisir l'ensemble champêtre de Notre-Dame-de-Kerinec, à Poullan-sur-Mer, qui, comme l'église de Pont-Croix, est un puzzle architectural où chaque époque a laissé sa trace, du XIII<sup>e</sup> au XIX<sup>e</sup> siècle, époque de la construction de la sacristie. L'accès au clocher se fait par une tourelle d'escalier qui sort du toit de l'église sous forme d'octogone, puis se rétrécit et devient cylindrique, sous un dôme. Sur le placître, le calvaire est en réalité une chaire à prêcher extérieure, non loin d'une très belle fontaine à colonnettes.

*Notre-Dame-de-Kerinec à Poullan-sur-Mer, raconte l'évolution des styles architecturaux sur plus de 600 ans. Elle était très fréquentée par les marins de Douarnenez.*

*Le paisible bourg de Confort-Meilars est dominé par son imposant calvaire.*

Lorsque l'on progresse vers la pointe du Raz, une halte s'impose à Confort-Meilars qui possède deux curiosités de l'art religieux. Tout d'abord, bien visible de la route principale qui le frôle, le calvaire est érigé sur une base triangulaire. Il a été victime de la Révolution : ses douze apôtres ont été jetés à bas et enterrés dans l'église. De nouvelles statues du XIXe siècle, treize cette fois, le surmontent aujourd'hui, luttant contre la végétation qui trouve un terreau fertile au sommet. Il faut pousser la porte de l'église pour découvrir une étonnante roue à carillons comme il n'en existe que peu d'exemplaires en Bretagne. La tradition la rattache à un culte solaire, en vigueur dans l'ancienne Égypte. On la faisait sonner, en la tournant, au moment de la consécration, pour les principales fêtes et aussi pour faire parler les enfants muets. On raconte à Confort que plusieurs miracles ont eu lieu jusqu'à l'époque contemporaine.

*Dans la pierre, sous le burin des sculpteurs, l'histoire ancestrale du cap et de la mer.*

Sur le tympan du portail ouest, des poissons et des caravelles ont été sculptés. C'est une pratique courante dans les paroisses du cap. Elle montre l'importance de l'économie de la mer, pêche et transport, dans la vie quotidienne. Des bas-reliefs semblables sont visibles sur les églises d'Audierne, de Goulien, de Plogoff, de Beuzec-Cap-Sizun.

En remontant un peu vers le nord, on trouve justement Beuzec, déformation de Budoc, encore un saint fondateur du christianisme armoricain, venu d'outre-Manche. On trouve aussi son empreinte dans le Nord Finistère, à Porspoder et à Plourin, ainsi que près de Concarneau à Beuzec-Conq, ou encore à Saint-Jean-Trolimon. Budoc serait même, selon la tradition, le maître qui aurait formé Guénolé, omniprésent dans la mémoire religieuse bretonne.

Les paroisses de Plogoff et de Cléden-Cap-Sizun se partagent la pointe occidentale du cap. Cléden, au nord, abrite une chapelle emblématique qui, tout au long de l'année, reçoit chaque jour des dizaines de visiteurs, des centaines même les dimanches d'été. Il faut dire qu'elle occupe un site unique. Elle est accrochée à soixante-dix mètres au-dessus des flots, entre la pointe du Van et la baie des Trépassés. Le monument se dresse à l'abri d'un haut mur qui permet de couper la force des vents du large. Il est dédié à saint They, encore un disciple de saint Guénolé.

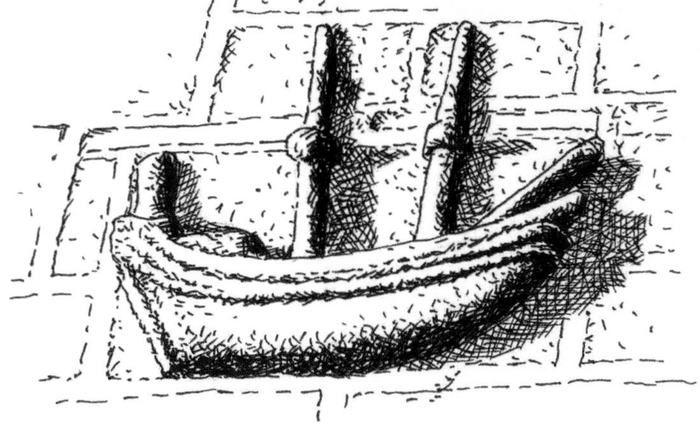

église Saint Raymond - Audierne

église de Goulien

église de Plogoff

Reconstruite au XVII^e siècle, la chapelle est vénérée des marins car la légende affirme que ses cloches sonnent pour les avertir du danger dès qu'un navire fait fausse route dans le Raz. D'ailleurs, à l'intérieur, un ex-voto en forme de trois-mâts marque la reconnaissance des gens de mer. Il voisine avec une statue en albâtre d'un Christ montrant ses plaies, attribué à un maître anglais du XV^e siècle : toujours ces relations avec la rive nord de la Manche qui n'étaient donc pas seulement guerrières.
La piété des marins se manifeste aussi dans les paroisses méridionales du cap. Notre-Dame du Bon Voyage à Plogoff est le cadre d'un pardon annuel, chaque deuxième dimanche de juillet, à l'occasion duquel, traditionnellement, les marins de l'île de Sein rejoignaient leurs compagnons pêcheurs du continent.

*Saint-They, gardien tutélaire du Raz de Sein.*
*À l'horizon, l'île de Sein.*

*La chapelle votive*
*de Notre-Dame-du-Bon-Voyage à Plogoff.*

*Notre-Dame du Bon Voyage est la protectrice des marins qui s'engagent dans le Raz de Sein.*

*« Notre-Dame du Bon Voyage*
*Guidez-nous sur la mer immense*
*Surtout protégez notre barque*
*Quand nous traversons le Raz »*

chantaient en chœur les marins après avoir fait à genoux le tour de la chapelle. Construit au XVIIIe siècle, l'édifice est le fruit d'un vœu : Jean de Tréana, neveu du Nicolas Saluden, seigneur de Kerazan en Cléden-Cap-Sizun et héritier de celui-ci, se trouve un jour en fâcheuse posture, sur le point de se noyer dans un bief de moulin. Implorant la Vierge, il lui promet de lui construire une chapelle s'il sort vivant de ce mauvais pas. Il choisit une colline en limite de sa propriété, un lieu d'où l'on peut voir la terre et la mer. Le lieu de culte, achevé en 1703, est entièrement construit par des bénévoles, les seigneurs de toute la région fournissant les matériaux. Dès l'origine, les marins s'y sentent chez eux, sans doute parce que le fondateur a échappé à la noyade. Le plafond est décoré d'ancres de marine et de roses des vents. Des ex-voto marins y sont suspendus. La tradition maritime est décidément liée à cette chapelle puisque la première messe sur le site fut chantée par l'abbé de Kerguelen dont le petit-neveu découvrit l'archipel qui porte encore son nom.

*La chapelle Saint-Yves à Plogoff.*

*Considérée comme la cathédrale du cap Sizun, la chapelle du Saint-Tugen à Plomelin est un joyau tant par son architecture et sa décoration que grâce au bel écrin que lui font les constructions environnantes.*

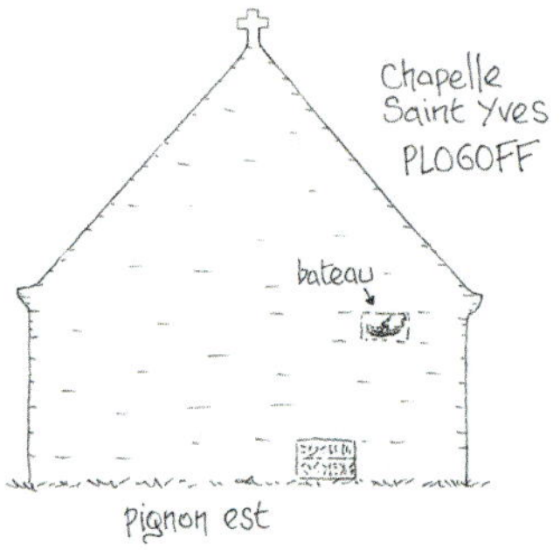

Plogoff n'est pas avare en petites chapelles qui parsèment son territoire. L'une d'elles, Saint-Yves, a connu son heure de gloire en 1980 lorsque son parvis abrita la mairie-annexe, au cœur de la révolte de Plogoff contre le projet nucléaire. Les curieux découvriront avec surprise, au bas du mur extérieur du chevet, une large pierre sculptée qui a la particularité d'être posée à l'envers. C'est ainsi que l'on apprend que la chapelle, construite à l'origine près de l'anse du Loch, risquait d'avoir les pieds dans l'eau. Elle fut démontée pierre à pierre et reconstruite à son emplacement actuel sur la route de la pointe du Raz. Sans doute la pierre en question échappa-t-elle à la vigilance d'un compagnon n'ayant pas bénéficié des bienfaits de l'école.

Notre-Dame de Roscudon, à Pont-Croix, se fait disputer son titre de cathédrale du cap Sizun par un édifice tout aussi majestueux. Saint-Tugen à Primelin, en impose avec sa tour carrée, de vingt-huit mètres de haut, comme on en voit à Locronan ou à Saint-Herbot.

*La fontaine érigée tout près de la chapelle Saint-Tugen.*

À un kilomètre de la mer, au-dessus de l'anse du Cabestan, elle a gardé son environnement bâti du XVI^e siècle, avec autour de la place, de belles maisons de pierre de taille. La chapelle occupe sans doute un site de temple druidique. En effet, le maître-autel a été découpé dans une lourde pierre, un monolithe de 2,30 m de long, peut-être la table d'un dolmen. Le fait que le pardon solennel soit célébré au plus près du solstice d'été renforce encore l'hypothèse d'une filiation avec un culte solaire gaulois.

Saint Tugen fut auxiliaire de Pol Aurélien premier évêque de Saint-Pol-de-Léon. La chapelle qui lui est dédiée date de 1550. Le lieu devint au cours des siècles un important centre de pèlerinage. On y comptait pas moins de sept rendez-vous, chaque année. Saint-Tugen est associé à une vieille croyance : implorer le saint honoré en ces lieux permettrait de lutter contre la rage. Cette maladie était très répandue autrefois dans le cap du fait de l'errance de nombreux chiens. Les malheureux mordus par un chien enragé mouraient dans d'atroces souffrances, à tel point que dans de nombreux cas, les proches de la victime abrégeaient ses douleurs en l'étouffant entre deux couettes remplies d'avoine. Il fallait aussi éviter la contagion et l'on raconte que l'une des deux sacristies de la chapelle était en fait un cachot où on laissait les enragés mourir de faim. Mais saint Tugen possédait l'antidote : une clé de plomb marquée des initiales **ST** qu'il suffisait de lancer aux chiens pour qu'ils s'éloignent. Les clés étaient fondues et bénites en milliers d'exemplaires que les fidèles se procuraient à l'occasion des pardons.

On peut encore voir, en contrebas de la chapelle, une fontaine miraculeuse et son auge de granite où l'on faisait boire les chiens.

Même sans sa tradition, Saint-Tugen vaut le détour : la face méridionale de l'édifice contraste avec la rigueur massive de la tour. Un porche avec un magnifique arc ajouré s'ouvre sur un cimetière clos de murs et de grilles, défendu contre l'accès des chiens... et autres animaux par de rudes échaliers. L'ensemble dégage une douce impression d'harmonie et de sérénité, loin des fièvres historiques de la rage.

La mer est à deux pas. Sitôt que l'on dépasse, en direction du sud, les belles demeures de granite qui enchâssent la chapelle, les dunes et la plage adoucissent les rudes falaises du cap qui s'estompent vers le couchant. La baie d'Audierne annonce un autre monde.

# LES EX-VOTO DU CAP… DIEU LES PROTÈGE

L'ex-voto est un lien direct que lance l'homme en direction de Dieu, un gage pour qu'il survive, une action de grâces s'il a survécu. Le plus bel ex-voto du cap Sizun est une chapelle tout entière : celle de Notre-Dame du Bon Voyage, à Plogoff, comme on l'explique dans les pages précédentes. Un ex-voto est en général une œuvre d'art, une maquette, une toile peinte, une statue, données en remerciement d'un sauvetage, d'une guérison, d'une grâce particulière.

Dans le cap, pratiquement tous les ex-voto sont de nature maritime puisque les hantises du marin sont le naufrage et la noyade. Le bateau en bouteille est un genre inévitable. Il est souvent l'œuvre du marin lui-même qui le sculpte pendant les longues traversées. Parfois, c'est un artiste que le rescapé paie pour son travail.

Les ex-voto, parfois de simples plaques de marbre gravées en lettres d'or accrochées derrière une statue, peuplent la quasi-totalité des églises et des chapelles. Celles-ci sont souvent

*De gauche à droite : Saint-Tugen à Plomelin, église paroissiale de l'île de Sein et Notre-Dame du Bon-Voyage à Plogoff.*

*Le* Pourquoi-Pas ? *du Commandant Charcot, à Saint-They en Cléden-Cap-Sizun, trois-mâts-barque disparu en 1936.*

fermées aux visites libres car leur sécurité n'est pas toujours assurée contre les vols. Les œuvres qu'elles contiennent ont été dûment répertoriées, photographiées, archivées. On compte 57 ex-voto entre le Goyen et Sein.

Comme on peut s'y attendre, c'est Notre-Dame du Bon Voyage qui a attiré le plus de témoignages de piété et de remerciement. Une maquette du paquebot *France* voisine avec celle du cuirassé *Richelieu*. Une petite statue de granite tient compagnie à un crucifix taillé au couteau. À l'île de Sein, l'église Saint-Guénolé possède également sa maquette de bateau. Certains navires sont célèbres comme le fameux *Pourquoi pas ?* du Commandant Charcot dont les lignes reconnaissables trônent entre les poutres de la chapelle Saint-They, au-dessus de la baie des Trépassés.

# LA GUERRE DU FEU COMMENCE À MENEZ DREGAN

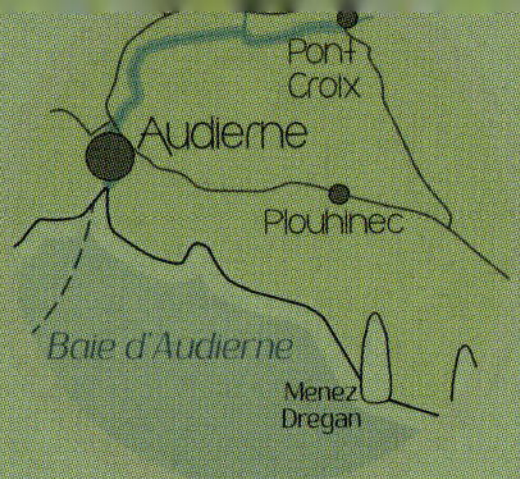


Au départ de l'anse de Pors Poulhan et de son petit port agité défendu par une digue souvent submergée, on quitte Plozevet et le pays Bigouden pour entrer sur le territoire de Plouhinec, première commune du cap Sizun. Le sentier suit la côte vers l'ouest et se heurte bientôt à des pancartes alléchantes. Vue superficiellement, la réalité le semble moins : le site de Menez Dregan est tout caparaçonné de plaques métalliques et défendu par un grillage. Il faut un peu d'imagination pour se rendre compte que l'on est bien là devant un site préhistorique de première importance. Difficile en effet de laisser l'accès libre à cette grotte marine qui n'a pas encore livré tous ses secrets. C'est ici qu'un géographe brestois, Bernard Hallegoet, a trouvé, il y a une trentaine d'années, la plus ancienne trace connue d'un foyer. Le feu a été allumé dans cette cavité il y a environ 400 000 ans ! De petits fragments de charbon de bois datables permettent de l'assurer.

*Pors Poulhan, première anse du cap, à quelques centaines de mètres du site de Menez-Drégan.*

Des vestiges d'instruments rudimentaires en silex et des os d'animaux ont également été retrouvés. Les recherches se poursuivent chaque année à la belle saison.

Un second point d'intérêt bien plus facilement perceptible pour le profane se trouve à quelques centaines de mètres, en rentrant dans les terres. Il s'agit de l'ensemble mégalithique, avec tumulus et allée couverte, de Pors Poulhan, une sépulture remontant au Néolithique. On n'y compte pas moins de seize piliers supportant deux grosses dalles. Une troisième table a sans doute été débitée au cours des siècles par des riverains construisant leur maison. Le site a été mis en valeur récemment et apparaît à la fois didactique et plaisant à visiter. Après cette mise en jambe, on peut poursuivre le sentier côtier sur environ un kilomètre avant d'arriver en vue de la plage de Guendrez. Cette belle plage du cap Sizun fait partie d'un ensemble de dunes et de rochers qui mènent sur cinq kilomètres à l'embouchure du Goyen. Les Allemands pendant l'Occupation craignaient que cet espace ne soit utilisé par les Alliés pour débarquer. Ils avaient truffé la côte de blockhaus dont l'emplacement sert aujourd'hui à mesurer la progression du grignotage des dunes par les marées.

*Le site de Pors Poulhan a été fréquenté pendant très longtemps, du Néolithique à l'époque gallo-romaine. Il est restauré de manière très didactique.*

*Reflets sur le cours du Goyen que la marée remonte deux fois par jour d'Audierne à Pont-Croix.*

# Les perles du Goyen : Pont-Croix et Audierne

Au commencement, il y a une petite rivière, le Goyen, qui prend sa source entre Douarnenez et Quimper et dont le cours occupe la dépression centrale du cap Sizun. À partir de Pont-Croix, elle s'élargit sous l'effet de la marée. Elle prend des allures de fleuve avant de se jeter dans la mer entre Audierne et Poulgoazec, commune de Plouhinec. Elle se présente comme des dizaines de rivières, celles que l'on appelle rias dans le sud de la Bretagne et abers dans le nord-ouest, des cours d'eau qui bénéficient d'une remontée du flux de la marée, leur apportant navigabilité et création d'un biotope unique, favorable à une flore et à une faune spécifiques, paradis des oiseaux et des coquillages. Pont-Croix, comme son nom l'indique, est un site de premier pont, là où les techniques d'autrefois permettaient

*Pont-Croix, capitale historique du cap Sizun occupe un promontoire au-dessus du Goyen.*

d'enjamber un lit pas trop large, en lieu et place d'un aléatoire passage à gué. Cette situation a permis à la ville de devenir une importante place du commerce maritime alors qu'elle se trouve à six kilomètres de la pleine mer. Il faudra attendre 1856 pour qu'un premier pont métallique soit construit en aval, à l'emplacement de l'actuel ouvrage en béton, à l'entrée d'Audierne.

L'histoire de Pont-Croix se lit encore dans ses pierres. La ville présente, en effet, toutes les caractéristiques d'une cité dont l'opulence médiévale s'impose au premier regard. Dès cette époque, elle trouve sa richesse dans le commerce du vin et du sel. Elle rassemble aussi, lors de ses importantes foires, les denrées agricoles du Cap et du pays Bigouden.

*Quelques voies urbaines de Pont-Croix, comme la Grande Rue Chère ont gardé leur pavement médiéval.*

Si elle reste aujourd'hui le chef-lieu du canton du cap Sizun, c'est que ce rôle administratif est l'héritage de l'implantation ancienne d'une sénéchaussée, circonscription d'Ancien Régime aux attributions fiscales, judiciaires et même militaires.

Le pont d'aval lui a fait perdre une bonne partie de son attrait commercial mais son patrimoine continue d'attirer les touristes. Des ruelles pavées souvent coupées d'escaliers, comme la Grande Rue Chère, permettent de descendre jusqu'à la rivière. Le long des pentes, on découvre des habitations caractéristiques des XIVe et XVe siècles, dominées par la silhouette élégante de l'église Notre-Dame de Roscudon : « le tertre du ramier » (voir le chapitre sur le patrimoine religieux). Le plateau abrite jusqu'à la Seconde Guerre mondiale, des halles qu'il a fallu démolir en 1949. Le château fort, quant à lui, disparaît dès le XIVe siècle. La ville, mal défendue, ne peut s'opposer aux raids meurtriers du bandit La Fontenelle, à l'époque des guerres de la Ligue, fin du XVIe siècle.

La malheureuse bataille navale dite « des cardinaux » entre Belle-Île et Houat, au large de Quiberon, qui oppose les marines royales française et anglaise en 1759, reste aussi de sinistre mémoire chez les Pontécruciens.

*La petite rivière du Goyen prend des allures de grand fleuve en aval du pont marquant l'ultime point de remontée de la marée.*

*Beaucoup de lavoirs jalonnent les bords du Goyen.*

En effet, l'un des fleurons de la flotte de Louis XV, le vaisseau *Le Superbe*, sombre sous le double effet des canons anglais et de la tempête. Il emporte par le fond tous ses marins. Parmi eux, on ne compte pas moins de cent laboureurs de la région de Pont-Croix engagés en tant que garde-côtes par le commandant du navire, lui-même originaire du Cap. Pendant des décennies, cette tragédie marque la vie de Pont-Croix par la misère qu'elle engendre dans les familles, privées de leurs forces vives.
Après la Révolution, Pont-Croix continue de jouer son rôle de capitale du cap Sizun. Elle rayonne sur tous les plans : économique, religieux, militaire, administratif. L'époque moderne dote la ville d'une gare ferroviaire sur la ligne du train « Youtar » entre Douarnenez et Audierne. Son petit séminaire forme la majorité des futurs prêtres du diocèse de Quimper et de Léon. Ses foires sont très courues. Ce passé et les monuments qu'il a laissés donnent aujourd'hui à Pont-Croix le label de « Petite cité de caractère ». Les touristes y remplacent les séminaristes et les marchands.

La construction du pont sur le Goyen, au milieu du XIXe siècle, déplace vers le sud le centre de gravité de l'axe économique associant Pont-Croix et Audierne, le port et l'avant-port. Jusqu'alors, il fallait, soit remonter à Pont-Croix, soit confier son âme à un bac, pour passer du pays Bigouden au cap Sizun. Un passage qui n'était pas très sécurisé puisque la chronique mentionne une cinquantaine de noyés en 1725 quand l'embarcation ramenant des pèlerins du pardon de Saint-Tugen a fait naufrage.

Mais Audierne n'a pas attendu ce pont pour se développer. L'ancienne ville romaine de Vindana Portus, est en plein essor dès le Moyen Âge. À l'image de leurs voisins de Penmarc'h, les armateurs d'Audierne deviennent des rouliers des mers et on retrouve leurs barques de transport jusqu'à Bordeaux. Ils acheminent le merlu séché et ramènent du vin qu'ils vont livrer jusqu'en Europe du Nord. La frénésie de voyages maritimes de l'époque de la découverte du Nouveau Monde amène même

*Autrefois entièrement dévolue à la pêche, la cité d'Audierne devient un carrefour touristique, porte d'entrée du pays de la pointe du Raz.*

*En amont du pont moderne d'Audierne, le Goyen gonflé par la marée, prend ses aises en direction de Pont-Croix. Le château de Locqueran, construit par la famille Delécluze, domine la rivière.*

les pêcheurs du Goyen à s'aventurer jusque dans le Grand Nord, à la poursuite de la morue. Dès lors et jusqu'à nos jours, Audierne et la pêche lient leur destin. Le port souffre pourtant de deux handicaps de taille, son assèchement à marée basse et son accès difficile du fait d'un banc de sable aux humeurs imprévisibles, à l'embouchure de la rivière. Ce qui ne l'empêche pas de se placer, à la fin du XIX^e^ siècle, dans le trio de tête des ports finistériens avec Concarneau et Douarnenez, pour le tonnage des prises de pêche. C'est l'âge d'or des conserveries, principalement de sardines – on en comptera jusqu'à 18 – de part et d'autre du Goyen, à Audierne, comme à Poulgoazec. À l'instar de leurs concurrents de Camaret, les Audiernais arment à la langouste et la ville change à vue d'œil au début du XX^e^ siècle, tirant bénéfice des longs quais qui sont construits. L'architecture soignée du front de mer, telle qu'elle se présente encore aujourd'hui, traduit cette opulence économique. La ville connaît son pic de population en 1921 avec 4 150 habitants, largement plus qu'en 2012 : 2 500 âmes (mais ce chiffre est maintenant dépassé puisque les communes d'Audierne et d'Esquibien ont fusionné au 1^er^ janvier 2016).

À la fin du XIXe et jusqu'au milieu du XXe siècle, le poisson n'est pas la seule ressource que les habitants d'Audierne et du cap Sizun tirent de la mer. L'exploitation des algues constitue une ressource complémentaire, laissée le plus souvent aux femmes et aux enfants. Les nombreux daviers dont on montre encore les vestiges sur le haut des falaises sont alors partout actifs. Un davier est une sorte de monte-charge : une « chèvre » composée d'un petit mât courbe portant une poulie et solidement ancrée au sommet de la butte. On y passe une corde et on tire pour remonter du bord de mer un fardeau de goémon. Parfois, le davier est assorti d'un treuil manœuvré à la main, parfois on utilise la force d'un cheval. Le goémon est ensuite séché, brûlé dans des fours délimités par de grosses pierres. Le pain de soude obtenu est ensuite collecté par des usines qui en extraient l'iode. L'un de ces établissements parmi les plus importants se trouve à Plouhinec, sur la rive orientale du Goyen. Là, la famille Delécluze bâtit sa fortune dont on peut saisir encore l'éclat puisque son château de Locqueran, aujourd'hui hôtel de luxe, continue de dominer l'arrière-port d'Audierne.

*Dans le port d'Audierne dont l'entrée est parfois périlleuse du fait de bancs de sable sensibles aux marées.*

*Pêche de poissons nobles et tourisme continuent de faire vivre le port d'Audierne.*

La population environnante a longtemps voué reconnaissance aux Delécluze qui, au moment des crises du début du XX^e siècle, ont installé des ateliers de dentelle à Locqueran pour fournir du travail et quelques ressources aux plus démunis.
Aujourd'hui, les activités maritimes sont toujours au centre de la vie de la cité, telle qu'on la découvre depuis la route que des centaines de milliers de touristes empruntent chaque année pour se rendre à pointe du Raz. Les navires de plaisance occupent la rive occidentale du Goyen, tandis que les navires de pêche s'amarrent, en face, aux quais de Poulgoazec. Le bar de ligne et de filet, le grondin, la sole et surtout le lieu jaune y débarquent sous la criée, jouxtant de grands viviers. La quarantaine de bateaux de pêche professionnelle côtière inscrits à Audierne affichent une production qui dépasse 1 000 tonnes de poisson chaque année. Après leur déchargement, les bateaux qui sont en général de taille moyenne, moins de 12 mètres, viennent s'amarrer côté ouest tant que

*L'estuaire du Goyen et sa corniche de Sainte-Evettte, orientée plein sud, attirent estivants et investisseurs.*

la hauteur de la marée le leur permet. À cause de cet assèchement du port deux fois par jour, le courrier de l'île de Sein, qui doit partir à heure fixe, a établi son poste d'amarrage à l'extérieur de l'estuaire du Goyen, à Saint-Evette, à deux kilomètres du centre-ville, vers l'ouest.

Pour le visiteur, parcourir cette corniche qui mène à Saint-Evette est l'un des attraits d'Audierne. On peut y découvrir, au débouché du mole du Raoulic, le mât Fenoux, une construction circulaire sur le sommet de laquelle on hissait autrefois des signaux pour indiquer aux marins l'emplacement du mouvant banc de sable défendant l'entrée du port. En revenant en ville par le chemin de l'intérieur, on passera par le quartier de Lezongar que tous les anciens de la commune connaissent bien. C'est là, en effet, que se tenait le dernier bastion de l'occupation allemande dans le Finistère : après la perte de Brest, puis de Crozon, 250 soldats de la Wehrmacht s'étaient fortement retranchés à Audierne et ne consentirent à se rendre aux Américains et aux FFI que le 20 septembre 1944. Les semaines précédentes, les Résistants du Cap avaient déjà infligé de lourdes pertes aux occupants.

# LE STRICT PETIT SÉMINAIRE DE PONT-CROIX

*Les imposants bâtiments du Petit Séminaire ne résonnent plus des récitations et des chants religieux des futurs prêtres, depuis près d'un demi-siècle.*

« *Longtemps, j'ai boudé Pont-Croix. Je me suis ingénié à l'éviter, j'ai proscrit de mes loisirs l'avenante bourgade, sa verte campagne et sa jolie rivière.* [...] *La raison de cet ostracisme : Pont-Croix demeurait après tant d'années affligé de la tare, rédhibitoire à mes yeux, d'abriter les bâtiments, aujourd'hui déchus, dans lesquels je fis mes études secondaires, le ci-devant Petit Séminaire* » : l'introduction du récit que l'écrivain Jean-François Coatmeur (né en 1925) fit de son enfance, dans les colonnes de *Bretagne Magazine*, est terrible. Elle renvoie à un temps, l'immédiat avant-guerre, où Pont-Croix est réputée pour la rigidité de sa discipline. C'est par cet établissement que passe la majorité des futurs prêtres du diocèse de Quimper. Ils y sont instruits et éduqués dans des règles strictes. Coatmeur précise même que bien avant que le mercredi devienne le jour de congé des écoliers, il l'était déjà à Pont-Croix car le jeudi était jour de marché et les bons pères craignaient que les adolescents boutonneux n'y fassent des rencontres féminines...

Cette description appartient au passé depuis 1973, date de la fermeture de l'établissement qui aura fonctionné un siècle et demi. Le petit séminaire, appelé aussi collège Saint-Vincent, disparaît du fait de la crise des vocations sacerdotales. Il était né en 1822, dans les bâtiments d'un ancien couvent des Ursulines, de la volonté de l'Église de reprendre la main sur la formation de ses cadres, très en amont, c'est-à-dire dès l'entrée dans l'enseignement secondaire. Dès lors, l'établissement va croître, ses locaux s'agrandir, sa chapelle se reconstruire.

Si la discipline est rude, la contrepartie est l'acquisition par les élèves de solides connaissances pour faire face à leur futur ministère. Ceux qui, ensuite, ne se sont pas consacrés à la prêtrise ont, pour beaucoup d'entre eux, exercé des professions intellectuelles. Un esprit de solidarité entre anciens élèves était encore récemment perceptible, notamment dans le milieu universitaire.

Quelques années après la fermeture du petit séminaire, les locaux ont été réquisitionnés, auprès de l'évêché, par l'État qui y a logé les gardes mobiles, au moment de l'affaire du projet nucléaire de Plogoff.

Aujourd'hui, les bâtiments sont vides. Les projets de réhabilitation ont été nombreux mais n'ont pas abouti. Une étape décisive a, semble-t-il, été franchie en septembre 2015 lorsque la municipalité de Pont-Croix a racheté l'ensemble pour 500 000 euros. Elle prévoit de confier à différents investisseurs la création de lieux de restauration, d'exposition, d'un cabinet médical, etc.

*La chapelle Saint-Vincent.*

*Petits séminaristes et leurs professeurs au début des années cinquante.*

# LA ROUTE DES CAPS DU NORD

*La pointe de Brezellec, en Cléden-Cap-Sizun.*

Peu d'espaces du littoral breton échappent aux constructions humaines. Partout le blanc des façades et le bleu des toitures tranchent sur le vert des haies végétales. Partout. Sauf sur la côte nord du cap Sizun. Dernière frange sauvage d'un Armor des origines ? Il ne faut quand même pas rêver. Ces étendues vides aujourd'hui ont connu naguère les activités des hommes, comme le montre cette balade qui emmène le marcheur de la pointe de Brezellec à celle du Van, commune de Cléden-Cap-Sizun.

Sur la route côtière qui relie Douarnenez à la pointe du Van, on trouvera, environ 4 km après Goulien, un embranchement sur la droite vers Brezellec et son aire de stationnement très commode. Commencer par descendre vers le port : un à-pic assez impressionnant s'ouvre sous le dernier parking réservé aux usagers. Un treuil à main aide à la remontée des caisses de poissons, les amarres des annexes sont renvoyées à la cale par un va-et-vient. Une échelle verticale permet de descendre au niveau de l'eau. Quelques canots de pêche se balancent sous les effets de la houle. Toujours agitée, la mer peut y être méchante en cas de coups de vent du nord.

La remontée servira de mise en jambes pour affronter, plein sud, le GR 34 qui serpente vers

La pointe de Castel Meur en Cléden-Cap-Sizun.

Le moulin à vent du Trouguer en Cléden-Cap-Sizun.

l'anse de Théolen (bistrot ouvert toute l'année) où la marée haute recouvre entièrement le sable de la plage. Un bon kilomètre plus loin sur le sentier à flanc de falaise, direction ouest, on parvient à la pointe de Castel Meur.
« Le grand château », comme son nom l'indique, était aux temps des Gaulois et même bien avant, une place de défense, un *oppidum*, sous la forme, classique en bord de mer, d'un éperon barré. Sous les prunelliers, on devine encore les fossés et les buttes de terre qui empêchaient l'intrusion côté terre tandis que, côté mer, les réfugiés bénéficiaient de l'abrupt des hautes falaises facilement défendables. Des archéologues ont découvert dans le sol les traces des fondations de dizaines de cabanes. On estime que cet *oppidum* n'était pas occupé en permanence mais qu'il accueillait les habitants des alentours en cas d'attaque. Il existe plusieurs autres éperons barrés dans le cap Sizun. Non loin de celui de Castel Meur, on pourra reprendre la voiture vers l'est pour découvrir, juste au nord du bourg de Beuzec-Cap-Sizun, l'*oppidum* de Castel Coz, « le vieux château ».

Il reste deux kilomètres pour atteindre la pointe du Van. Bientôt apparaissent à gauche, entre Keriolet (deux lieux-dits portent ce même nom) et Trouguer, les moulins à vent restaurés. Trouguer est, pour sa part, un ancien site gallo-romain où les vestiges affleurent encore sous l'humus. La pointe du Van, que certains considèrent comme la petite sœur de la pointe du Raz, est moins monolithique que celle-ci. Elle se perd en avancées diverses, grignotée avec entrain par l'érosion.
En reprenant le sentier en direction du sud, on finit par buter sur la chapelle Saint-They qui brave le vent et les embruns, avec, un peu à l'est du chemin, sa fontaine. Le chemin descend ensuite vers la baie des Trépassés, en passant par le petit cap de Vorlenn. Enserré entre ce massif et celui, au sud, de la pointe du Raz, la baie des Trépassés apparaît comme une profonde dépression. Impression confirmée par la présence, en retrait de la plage, de l'étang de Laoual, bordé par les constructions de Kerogel, Trouzent et Kerloc'h. Un parfum d'Écosse...

*Le manoir de Menez Braz à Esquibien dont la première mention remonte aux Croisades est aujourd'hui ouvert à la location pour réceptions.*

# Les manoirs du Cap, témoins de l'Histoire

Le cap Sizun présente tout un réseau de manoirs dont l'histoire se confond avec celle des familles nobles qui s'y sont taillé des fiefs depuis les Croisades jusqu'à la Révolution française.

Certaines de ces constructions qui datent pour la plupart des XIVe, XVe et XVIe siècles ont disparu, d'autres se trouvent dans un état d'abandon plus ou moins relatif. Quelques-unes ne sont plus que l'ombre de ce qu'elles furent, comme l'impressionnant manoir de Kerandraon à Mahalon. D'autres encore ont survécu et sont aujourd'hui soit des résidences secondaires, soit des espaces réaménagés en gîtes, en salles de réception ou en chambres d'hôtes.

Les historiens du Cap ont reconstitué la passionnante aventure de leurs constructions, agrandissements ou destructions ; et aussi les jeux d'alliance entre familles qui constituent la trame de la perpétuation, au moins jusqu'en 1789, de leur domination sur le pays.

*Reconstitution d'agencement d'époque au musée du Marquisat à Pont-Croix.*

Leur maillage est serré car la noblesse d'Ancien Régime couvre tout le territoire, partagé entre suzerains et vassaux. L'un des plus anciens témoignages de l'architecture des manoirs, celui qui aurait été, sans doute, le plus intéressant, le château fort de la famille Sinquin, à Pont-Croix, a disparu dès le XIVe siècle. Mais le chef-lieu du canton dispose quand même d'un bel exemple de demeure noble : la maison du Marquisat qui a été transformée en musée. En pleine ville, au carrefour de la route de la pointe du Raz, le Marquisat érigé par la famille de Rosmadec (successeur des Sinquin) au XVIe siècle, abrite d'intéressantes collections. Le bâtiment lui-même vaut le détour avec sa porte à accolade, sa fenêtre occupant le haut d'un pan coupé, ses poutres vénérables et son dallage de granite. À l'intérieur, c'est la vie du Cap au début du XXe siècle qui est illustrée, grâce à de beaux meubles et à des objets sélectionnés : la cuisine et son lit clos, la chambre et ses vieilles photos, les coiffes et les costumes de

la région ; et même un bistrot, comme on en voyait encore, il y a quelques décennies, dans les campagnes.
Cette maison noble partage avec d'autres manoirs du Cap la particularité d'être ouverte au public. Mais pour les quatre suivants, il ne suffit pas de prendre un ticket d'entrée : il faut aussi soit passer la nuit comme client de chambre d'hôtes, soit y être convié à une réception.
Le premier, Suguensou, est une bâtisse impressionnante du milieu du XIX^e siècle qui a pris la suite d'un manoir bien plus modeste, remontant sans doute au XIII^e siècle et ruiné, mais occupant un endroit privilégié des rives du Goyen. Il n'y a pas si longtemps, la flotte des barques de pêche d'Audierne venait hiverner dans l'anse de Suguensou, un lieu tranquille, bien à l'abri des vents d'ouest. Le Suguensou du XXI^e siècle est un havre pour tous les estivants en quête de sérénité, à deux pas de la ville et des plages.

*Sur les rives du Goyen, le manoir de Suguensou se dissimule au creux des bois, au fond de l'anse à laquelle il a donné son nom.*

*Dans le moelleux des fauteuils du manoir de Menez Braz, bien loin du temps des Croisades…*

À peu près à la même latitude mais en se déplaçant vers l'ouest par la route qui court d'Audierne à Primelin, on découvre sur la droite le manoir de Lézurec, remarquablement restauré. On y trouve trace de la famille du Menez qui en hérita en 1483. Construit autour d'une cour carrée dont le centre est occupé par les belles pierres taillées d'un puits, le manoir a très fière allure. Avec ses communs occupant les deux ailes, à l'est et à l'ouest, et son pavillon garni de tourelles en échauguette, il a été complètement réaménagé et modernisé dans les règles de l'art pour abriter des gîtes touristiques haut de gamme.

Le seigneur du Menez, encore lui, fit construire un autre chef-d'œuvre venu jusqu'à nous : le manoir de Menez Braz à Esquibien, à une portée d'arquebuse du bois de Suguensou. On dit que c'est en récompense de sa participation à la neuvième Croisade que le noble obtint cette terre où ses descendants prospérèrent. La puissance de la famille du Menez se mesurait aux droits féodaux dont elle disposait. Ici, le seigneur pouvait condamner à mort les délinquants

*À Menez Braz, les tailleurs de pierre ont imprimé la marque de leurs talents.*

puisqu'il avait le droit de haute justice. Le domaine avait aussi son colombier qui est une manière de rançonner les paysans de son fief puisque les pigeons se nourrissaient des récoltes des métayers et que seul le seigneur pouvait, lui, déguster les pigeons et leurs œufs. Le domaine subit les conséquences de la Révolution française puisqu'il fut vendu comme bien national après la fuite de son seigneur en Angleterre. Ce dernier perdit la vie au cours de la désastreuse expédition de Quiberon de 1795, au cours de laquelle les troupes républicaines enterrèrent pour deux décennies l'espoir d'une restauration de la royauté en France.

Aujourd'hui, on peut se prendre pour un noble d'autrefois en flânant dans le jardin ou en buvant un verre dans les salons, à l'occasion d'une réception, mariage ou autre événement, que l'actuel propriétaire accueille.

*L'élégante toiture Renaissance du manoir de Lézurec, à Goulien. À droite, le Marquisat de Pont-Croix.*

À l'entrée du cap Sizun, les amateurs de séjour dans les vieilles pierres trouveront aussi à leur goût les trois chambres artistiquement décorées et la salle de réception du manoir de Kerdanet, à Poullan-sur-Mer.

C'est sur un autre pan de la vie du cap Sizun qu'ouvre la silhouette du manoir de Lézoualc'h, à Goulien. Ce bel édifice ne peut être contemplé que de l'extérieur car la propriété privée n'est pas ouverte au public. On peut juste voir, de la route, le dos de la construction dont la façade est au sud et admirer son élégante toiture Renaissance. On devine aussi, à la porte des écuries, une tête de cheval à la belle encolure, que l'on imagine en bronze. Ce manoir fut construit à l'initiative des seigneurs de Lézoualc'h. Au Moyen Âge, la quasi-totalité du territoire de Goulien appartenait à ces seigneurs qui dépendaient du marquisat de Pont-Croix. En 1594, le bandit Guy Eder de La Fontenelle, qui venait de perpétrer le massacre des bourgeois de Pont-Croix, s'empara de Lézoualc'h après avoir tué le maître des lieux, Claude Autret (René Autret selon d'autres sources).

*Le manoir de Kervenargant, à Confort-Meilars, associé à un pan de l'histoire de la Révolution française.*

Les dégâts de La Fontenelle et de ses soudards furent immenses dans toute la région. Plus au sud, le port de Penmarc'h mettra des décennies à panser ses plaies et ne retrouvera jamais sa prospérité passée. Parmi les descendants des Autret, on trouve Guy Autret, considéré comme le premier journaliste breton puisque ce spécialiste de généalogie des nobles de Bretagne collabora, au milieu du XVII^e^ siècle, à la *Gazette* de Théophraste Renaudot. Une rue de Quimper porte son nom.

Il faut continuer sur la route de la pointe du Raz pour découvrir juste au sud du bourg de Cléden-Cap-Sizun, un autre manoir, qui, lui non plus, ne se visite pas. Kerazan qui, au cours des siècles, a subi un grand nombre de modifications, appartenait à la famille Saluden dont le souvenir est associé à la construction de la chapelle Notre-Dame du Bon Voyage, à Plogoff.

Retour à l'entrée du cap Sizun pour découvrir un autre lieu chargé d'histoire, le manoir de Kervenargant qui se trouve à Confort-Meilars, à la limite de la commune de Poullan-sur-Mer.

Cet édifice qui est aujourd'hui non habitable conserve encore de beaux témoignages de sa splendeur passée. Il est entré dans la grande Histoire pour avoir servi de repli à des Révolutionnaires en 1793.

On se souvient que les Conventionnels se partageaient à l'époque entre Girondins et Montagnards. Les premiers eurent le dessous et, sous la Terreur de Robespierre, furent contraints de choisir entre la fuite et l'échafaud. Un groupe de cinq de ces Girondins trouva refuge autour de Quimper, à la recherche, dans un petit port, d'une embarcation pour Bordeaux. Ils furent recueillis par le propriétaire du manoir de Kervenargant qui cacha Barbaroux, Pétion, Guadet, Buzot et Louvet jusqu'au moment où un marin brestois accepta de leur faire traverser le golfe de Gascogne, au départ du port de Lanvéoc. Comme la retraite resta secrète et que les témoins ne parlèrent que des décennies plus tard, il existe encore un doute sur sa localisation. Certains historiens estiment que les fuyards se dispersèrent au gré des rafles de leurs poursuivants entre Kervenargant et Kervern, à Pouldavid, chez un ami de leur hôte.

La qualité architecturale des manoirs se retrouve, à l'échelle du dessous, dans la construction de certaines opulentes maisons de ferme. Le cap Sizun est riche de demeures paysannes à deux niveaux présentant l'ordonnancement classique d'une porte d'entrée centrale, d'une ou deux fenêtres de chaque côté, au rez-de-chaussée, et de trois à cinq à l'étage.

*La ferme de Kerguidy à Plogoff est une demeure paysanne mais elle possède une riche architecture qui démontre l'opulence financière de ses constructeurs.*

L'entourage de toutes les ouvertures est constitué de pierres de taille, quand ce n'est pas le cas de l'ensemble de l'édifice comme, par exemple, la ferme de Kerguidy à Plogoff. Le sommet de la maçonnerie de façade est couronné par des sablières de granite taillées en doucine, comme on en voit souvent dans le pays Bigouden. Un puits cylindrique, lui aussi en granite, avec margelle ouvragée, prend place dans la cour. Il peut également être de forme carrée et surmonté d'un chapiteau de pierres de taille. Les crèches et remises sont souvent, mais pas toujours, d'anciennes habitations d'un seul niveau dont la pente très accentuée du toit trahit la précédente couverture en chaume. On trouve encore des hameaux entièrement constitués de ces modestes maisons de plain-pied, majoritairement devenues de pimpantes résidences secondaires, notamment entre le bourg de Plogoff et la mer. Moins d'un siècle plus tôt, des congres écorchés séchaient sur ces mêmes façades et l'on se chauffait à la bouse de vache mêlée de paille de seigle…

*La construction de Kerguidy remonte à 1832. La ferme abrite aujourd'hui des chambres d'hôtes et une aire de camping.*

# LE PORT-RHU, ÉCRIN DU MUSÉE MARITIME À FLOT

La rivière de Pouldavid fut longtemps le cœur battant de la vie douarneniste. Cette profonde ria s'ouvre sur la baie tout en bénéficiant de l'abri de l'île Tristan qui agit comme un brise-lames. Elle a vu passer, pendant des siècles, les navires marchands exportant les toiles de lin et de chanvre de Locronan, les caravelles ramenant du vin de Bordeaux, du sel de Guérande et de Noirmoutier, ou encore les trois-mâts norvégiens livrant l'indispensable rogue, appât de la sardine. Elle a accueilli les chaloupes sardinières avant l'aménagement du port du Rosmeur. Aujourd'hui, la ria continue de tenir une place centrale mais pour d'autres missions. Son cours supérieur est organisé en port de plaisance, complément de celui de Tréboul, qui lui, est en aval, sur la rive gauche. Sa partie inférieure, à tribord, est devenue le principal port-musée de France. Une digue et sa porte permettent de conserver l'eau de la marée à bonne hauteur.

Le Port-Rhu, comme on l'appelle, date de 1993. Il est devenu en moins d'un quart de siècle une attraction touristique majeure pour toute l'agglomération et au-delà. Deux parties à visiter : le musée à terre qui se trouve en face, place de l'Enfer, dans une ancienne conserverie de sardines, et le musée à flot, dans la ria.

*Au Port-Rhu, des bateaux représentatifs de l'évolution des pratiques maritimes.*

Dans la première partie, des animations, des expositions temporaires et quelques petites unités : un caseyeur de Sein, un voilier de plaisance, etc.

Sur l'eau, des bateaux de plus fort gabarit comme un remorqueur, deux chaloupes de pêche à la sardine, un bâteau-phare en restauration, un thonier, une barge de la Tamise, etc. L'une des pièces maîtresses est le langoustier *Notre-Dame de Rocamadour*, dernier témoignage de la glorieuse épopée de la pêche à la langouste en Mauritanie.

Un autre musée maritime mérite le détour dans les environs : celui d'Audierne où est reconstitué un intérieur de maison de pêcheur, une intéressante rétrospective sur les naufrages, les sauvetages, les phares grâce à des photos, des récits, des objets récupérés. Toute la vie maritime du cap Sizun s'y affiche de manière très didactique.

*Place de l'Enfer, le musée à terre et ses expositions à thèmes sont renouvelées régulièrement.*

# LA ROUTE DES MOULINS LE SOUFFLE ET LE COURANT

La balade de la route des Moulins est l'occasion de découvrir en voiture les petites routes du Cap mais rien n'interdit de fractionner les visites et de profiter de randonnées pédestres pour passer plus de temps dans chacun des quatre bâtiments que gère l'association « Cap sur les moulins ». Il y a une dizaine d'années, des bénévoles se sont mis en tête de restaurer ces témoins du passé, de les mettre en valeur et de les faire fonctionner.

Près de la pointe du Millier, objet d'une autre balade, le moulin à eau de Keriolet se niche sous les frondaisons. Il date de 1868 et était primitivement équipé d'une roue à pirouette, c'est-à-dire horizontale, fonctionnant plus à la force du courant qu'au poids de l'eau. Le rendement était sans doute trop faible puisque moins de dix ans après la construction, le meunier installa une roue verticale métallique à augets d'un très grand diamètre, huit mètres, qui offrait un couple bien supérieur pour faire tourner les meules. C'est dans cette configuration que l'association a restauré l'édifice et sa machinerie. Celle-ci produit de la farine qu'il est possible d'acheter sur place.

*L'énorme roue métallique du moulin de Keriolet.*

*En haut, les moulins du Trouguer à Cléden-Cap-Sizun.*

*Au centre, le moulin de Tréouzien à la limite de Plouhinec et de Plozevet, sur le ruisseau qui se jette à Pors Poulhan.*

*En bas, à Keriolet comme à Tréouzien, le mécanisme et les meules sont restaurés. Ils produisent régulièrement de la farine.*

Il faut traverser le Cap pour atteindre, à Plouhinec, à deux pas de Pors Poulhan, le moulin à eau de Tréouzien, qui vient à peine d'être remis en état. L'accès pédestre est très plaisant sous les grands arbres qui bordent le petit cours d'eau. On peut également y venir en voiture par le nord. Le moulin présente la particularité d'avoir aussi servi de pigeonnier, garde-manger des seigneurs de jadis. La bâtisse en forme de « L » arbore, en effet, en façade sud, une série de boulins sur cinq rangs en hauteur. Un bief recreusé et étanché surplombe la construction. Tous les samedis et dimanches, on y vend le pain d'un four artisanal.

Plus au nord, afin de marier vieilles pierres et gastronomie, le moulin de Tremaria, à Pont-Croix, a été transformé en restaurant où l'on déguste de la pâte à pain que l'on peut faire cuire soi-même. La roue métallique est récente.

Après l'eau, le vent : une belle restauration de moulin à vent dont il existait des dizaines et des dizaines d'exemplaires dans le Cap, peut se visiter au village de Trouguer, non loin de la pointe du Van. À côté, un petit moulin dit « à chandelier » étonne : toute la cabine tourne pour chercher le vent.

Pour en savoir plus, visitez la « Maison du Vent », au bourg de Goulien, pays des éoliennes. Elle est ouverte pendant toutes les vacances scolaires et du 15 juin au 15 septembre.

*L'église paroissiale de Sein, dédiée à saint Guénolé, domine le paysage de cette île sans véritable relief.*

# Sein, l'insubmersible

Insubmersible ? L'adjectif peut sembler audacieux alors que les climatologues s'accordent à prédire, pour les prochaines décennies, une montée des eaux de la mer qui pourrait noyer les basses terres de l'île. Quand on sait que Sein culmine en moyenne à un mètre et demi au-dessus du niveau de la mer d'Iroise avec des points hauts qui ne dépassent pas 6 mètres, on peut effectivement être inquiet pour la pérennité d'une communauté de deux cents personnes face au réchauffement de l'atmosphère terrestre. Mais on serait tenté d'écrire que les Sénans en ont vu d'autres. Tout d'abord, leur terre est déjà le résultat d'une submersion. Dans les millénaires des temps préhistoriques, Sein et sa chaussée étaient parties intégrantes du cap Sizun dont elles partagent la géologie. Le niveau de la mer est monté et les crêtes de la terre ferme sont devenues des îlots, des récifs, des hauts-fonds, tous ces pièges à navigateurs qui se prolongent aujourd'hui en mer jusqu'au-delà du phare d'Ar-Men.

*Les deux plus célèbres mégalithes de Sein ont entamé depuis des millénaires une conversation sans fin. On les surnomme « les causeurs ».*

Les épisodes ne manquent de tempêtes balayant l'île, courbant en deux, sous les bourrasques, des marins et leur famille, contraints de trouver refuge sur les toits des maisons ou dans la tour de l'église paroissiale. Chaque fois qu'un ouragan se produit au moment des grandes marées, les îliens luttent pour ne pas être emportés par des flots qui agrandissent sans cesse leur terrain de jeu à coups de déferlantes. En 1830, sur le toit de l'église, dernier refuge, le recteur donne l'absolution à ses ouailles. En 1865 et 66, il faut monter jusqu'au clocher. Et le phénomène de submersion se reproduit dès 1919 et plusieurs fois au cours du XX$^{e}$ siècle. En 1924, le préfet veut même déménager les Sénans.

Chaque fois les dégâts matériels sont énormes. Des digues sont balayées, les moles perdent des pierres, les champs et leurs murets de protection sont dévastés, les pâtures sont inutilisables à cause du sel. Chaque fois, les îliens, pourtant de moins en moins nombreux (la population a été divisée par cinq depuis la Seconde Guerre mondiale) reconstruisent. Trois kilomètres de digues les protègent aujourd'hui. L'île est toujours là. Les habitants s'accrochent et, chaque nuit, le faisceau du phare rappelle à ceux de la grande terre que les Sénans continuent de défier l'océan.

*Deux presqu'îles liées par un cordon dunaire font une île et même plus qu'une île, un mythe.*

*La vie insulaire est rythmée par l'arrivée et le départ quotidiens du courrier, l'Enez-Sun. Il faut vraiment que la mer soit déchaînée pour que le bateau reste à quai, à Sainte-Evette.*

Chaque jour, le courrier passe et, avec lui, des bandes de touristes, mais aussi bon nombre d'îliens qui ont rapidement le mal du pays après quelques jours à Audierne ou à Quimper.

À quoi tiennent cette résilience et cet attachement à une terre plate qui n'est guère prodigue ?

Le premier texte venu jusqu'à nous date du Ier siècle après Jésus-Christ et il est l'œuvre d'un voyageur de l'empire Romain, Pomponius Mela. Sa description fonde encore aujourd'hui toute l'histoire de Sein et les légendes de la mer qui l'entoure :

*« Sena se trouve dans la mer britannique, en face du littoral des Osismes. Elle est célèbre par l'oracle d'une divinité gauloise. Ses prêtresses sont sanctifiées par le vœu de virginité perpétuelle. On dit qu'elles sont au nombre de neuf. Les Gaulois les nomment Sènes. Ils pensent que douées de pouvoirs exceptionnels, elles peuvent par leurs incantations déchaîner les flots et les tempêtes, se métamorphoser selon leur caprice en toutes espèces d'animaux, guérir les maladies réputées incurables, connaître l'avenir et le prédire : mais elles n'exerceraient leur art qu'en faveur des navigateurs qui s'embarquent dans le seul dessein de les consulter. »*

*Les parties habitées de l'île sont ceinturées de digues qui, parfois, ne suffisent pas à contenir la mer. Il faut alors monter aux étages des maisons ou même, au clocher de l'église.*

Sein est donc, dès l'Antiquité, une île de marins, une île en proie aux fureurs de la mer, une île où les femmes jouent un grand rôle, une île sanctuaire où se lit l'avenir, une île dont l'eau qui l'entoure est peuplée d'animaux fabuleux qui sont l'incarnation des devineresses. On imagine déjà tous ces monstres marins dont les cartographes du Moyen Âge aimaient orner leurs portulans. Ce texte datant de deux millénaires, qui rapporte la construction de l'imaginaire insulaire, est, d'une certaine manière, le canevas du destin de l'île jusqu'à aujourd'hui.

Ce nom de baptême romain *Sena* reste une énigme, d'autant plus que les noms français et breton de l'île ont évolué indépendamment l'un de l'autre. *Sena* est devenue Sein, après un passage par *Sina* : la courbe, le golfe ou la baie. Bernard Tanguy, le chercheur du CNRS référent en matière de toponymie, n'exclut pas qu'il s'agisse d'une adaptation locale de *Senac'h*, « Le Vieux », nom d'un dieu du Panthéon irlandais. En breton, le mot « Sizun » a été, au fil des ans contracté en *Sun* (*Enez Sun*, le nom du bateau qui dessert l'île toute l'année).

*Sein, île sans voiture puisque les distances sont très courtes et que l'étroitesse des rues ne permettrait pas les manœuvres.*

Ce nom n'aurait, semble-t-il, aucune relation avec le mot « semaine » que le breton traduit par « sizun ». Le débat n'est donc pas clos.
Pomponius Mela précise dans son texte que les prêtresses de Sein sont dénommées « Gallizènes. » Elles sont mi-sorcières, mi-médecins. Elles sont les seules de leur genre en Gaule puisque César, lui, ne mentionne, sur la religion celtique qu'il considère d'ailleurs comme une abominable superstition, que la présence de druides masculins. Que les femmes jouent un plus grand rôle sur les îles que sur le continent est lié tout simplement au partage des tâches : les hommes sont en mer, parfois pour plusieurs jours, quand ils sont pêcheurs, pour plusieurs mois même lorsqu'ils s'engagent « au commerce » comme le firent des centaines de Sénans au XX<sup>e</sup> siècle. Les femmes restent, s'occupent des enfants et des tâches ménagères mais aussi de l'élevage et de la culture. Elles apprennent à décider. On les retrouve souvent à la tête des municipalités insulaires : à Ouessant dans les années quatre-vingt, à Molène en 2001, à Sein. En 1960, c'est Marguerite Kerloc'h (1917-2004), arborant la grande coiffe, la *djibilinen*, qui accueille le général de Gaulle pour son second voyage sur l'île. Maire de 1959 à 1971, elle fut aussi présidente de la station de sauvetage de l'île.

Insubmersibles femmes de Sein, galizènes modernes, elles font face au quotidien avec une force étonnante. Ce fut le cas pendant la Seconde Guerre mondiale où l'île se retrouva sans hommes pendant plus de quatre ans. L'épisode, bien que beaucoup décrit, n'a rien perdu de son acuité.
Juin 1940 : la France est envahie. Les éclaireurs de la troupe allemande fondent sur le Finistère. Leurs avions tiennent le ciel. En hâte, des navires quittent Brest. Le courrier de l'île, le bateau *Ar Zenith* est le premier à prendre la mer pour l'Angleterre, dès le 19 juin, avec à son bord de nombreux militaires qui s'étaient massés sur le quai d'Audierne. Ses quatre membres d'équipage seront les premiers Sénans à rejoindre le général de Gaulle. Les jours suivants, les départs s'échelonnent à bord de la *Velleda*, du *Rouanez ar Mor*, du *Rouanez ar Péoc'h*, du *Maris Stella* ou du *Corbeau des mers*. Un septième navire part en 1943, l'*Yvonne Georges*. Lorsqu'ils larguent les amarres, toute la population de l'île est sur le quai et chante des cantiques pendant que le recteur bénit hommes et navires.

*La mer omniprésente :*
*il suffit d'enfiler des ruelles étroites,*
*propices aux courants d'air,*
*pour déboucher sur un bout*
*de quai ou de digue.*

Au total, 141 marins de l'île arrivent en Angleterre et s'engagent à la suite du Général. Ils ont de 14 à 54 ans. Ils sont de loin le groupe le plus nombreux parmi la poignée des premiers soldats de la France Libre. D'où la célèbre phrase du général de Gaulle qui les passe en revue : « *L'île de Sein, c'est donc le quart de la France* ». 32 Sénans ne revinrent pas. Le dernier survivant, Clet Chever, est mort le 9 mai 2013 à l'âge de 92 ans. Toute l'île fut faite « Compagnon de la Libération » et c'est sur le quai « des Français libres » qu'accostent aujourd'hui tous les bateaux qui font escale à Sein.

Les femmes de marins de l'île de Sein ont été immortalisées par le chanteur Louis Capart, qui, dans *Marie-Jeanne-Gabrielle*, rend hommage à sa mère.

*« Quand le jour s'achève au-dessus de la grève*
*Sur la pierre écorchée de l'île*
*On croit voir au fond de la brume*
*Comme des feux qu'on allume*
*Ou la barque ensorcelée*
*Qui apparaît*
*Menaçante, elle vient jeter*
*La peur sur les naufragés*
*Et le noir habille la vie*
*Des femmes du pays ».*

« *Comme des feux qu'on allume* » : le poète fait sans doute allusion à une des légendes les plus tenaces poursuivant les îliens : les Sénans auraient été des naufrageurs qui allumaient des feux pour attirer les navires afin de les piller. Les archives ne permettent pas de le dire, sauf une affaire très ancienne sur laquelle on ne dispose pas de beaucoup d'éléments historiques.

*Au soleil de l'été,*
*bien abrité du vent,*
*on pourrait se sentir dans*
*le Midi tandis que la lessive*
*s'imprègne des parfums*
*du vent salé.*

*L'entrée du port et son débarcadère, accessible à différentes hauteurs de marée. À gauche, le phare de Men Brial.*

En revanche, il est établi que faute de provoquer des naufrages, les îliens, comme la plupart des populations littorales, les considéraient comme des dons du ciel. Ils furent de sacrés pilleurs d'épaves. La géographie les a placés dans un lieu stratégique. Le passage du Raz était et demeure une épreuve pour tous les marins dont on dit qu'ils peuvent écumer toutes les mers du monde dès lors qu'ils savent faire face aux vents, aux courants, aux écueils, à la brume et à la grande houle atlantique de ces parages. Cette habileté n'est pas forcément partagée et c'est par centaines que les navires de tous tonnages ont coulé entre la pointe du Raz et la chaussée de Sein. On sauve d'abord les hommes et ensuite on pille les épaves. Hommes, femmes et enfants participent à la curée, souvent avec la bénédiction du recteur qui, de toute manière, ne peut pas endiguer la marée humaine ; il faut imaginer l'excitation s'emparant des îliens d'autrefois lorsque, dans un enchevêtrement de mats, de voiles, de cordages, les flots roulent des tonneaux de vin. Les femmes guettent surtout les pièces de bois qui vont assurer la cuisson des panais, base de la nourriture, et le chauffage de l'hiver : en temps ordinaire, seule la bouse de vache sert de combustible sur une île sans arbre.

*Vue de l'île depuis le phare de Goulenez. Le regard se porte vers le sud-est. Au fond, quelques milles plus loin, commence le golfe de Gascogne.*

Entretenir le feu est d'ailleurs une des préoccupations de la Sénane qui doit aussi veiller à la bonne combustion des tas de goémon qu'elle a récoltés et séchés. Elle en extrait la soude qui est, avec le poisson, le seul produit insulaire négociable sur le continent.

Au fil des siècles, les pilleurs se transforment en sauveteurs. En 1796, les femmes de l'île mobilisent leurs maigres ressources pour nourrir les 700 survivants de la frégate *Le Séduisant* qui s'est perdue sur l'îlot de Tevennec. Huit ans plus tard, en pleine guerre napoléonienne, un navire anglais s'échoue. Les troupes prennent possession de l'île, logent à l'église et réquisitionnent treize barques de pêche pour rentrer chez eux La flotte de pêche de l'île est anéantie.

En récompense des services rendus par les sauveteurs, les subsides de l'État arrivent dans l'île avec parcimonie et font même l'objet d'un chantage de l'administration qui cherche à réduire les denrées de secours que la Marine

*Au début du XX^e siècle, le philanthrope Jacques de Thézac érigea dans chaque port d'importance, un abri du marin, lieu d'éducation et de convivialité dont l'une des missions était de lutter contre l'alcoolisme.*

*Sur la presqu'île du nord-ouest, le phare de Goulenez, dit aussi phare Saint-Corentin, a été détruit pendant l'occupation allemande et reconstruit de 1945 à 1951. À ses pieds, la centrale électrique qui fournit du courant à l'île.*

achemine de Brest depuis 1760, sous prétexte que les Sénans ont subtilisé, en 1858, le charbon d'un navire naufragé. C'était bien avant le mois de janvier 1978 où les îliens remboursent d'un coup toutes leurs éventuelles dettes vis-à-vis de la Marine nationale en secourant les 300 hommes d'équipage de l'escorteur d'escadre *Duperré*, échoué sur un écueil.

Mais aucune mesquinerie ne vient à bout de la sollicitude des Sénans pour toutes les victimes des fortunes de mer. Depuis 150 ans, ils inscrivent une ligne par sauvetage sur le tableau noir du musée que la station de Sein entretient dans l'ancien abri de son canot.

Inaugurée en 1866 la station fonctionne tout d'abord avec des canots à rames : les sauveteurs, tous volontaires et bénévoles, engoncés dans des brassières

Photo Ronan Follic

de sécurité constituées de panneaux rigides de liège, souquent ferme vers les lieux des naufrages, neuf fois sur dix sous des conditions atmosphériques apocalyptiques. Le premier canot à moteur arrive en 1931. À chaque changement de navire, la sécurité et le confort s'améliorent.
Le canot de la SNSM (Société nationale de sauvetage en mer) *Ville de Paris* a été remplacé en 2016 par un canot tous temps de nouvelle génération, conçu en composite verre-résine, qui dispose de deux moteurs de 650 CV chacun, permettant une vitesse de 25 nœuds, le *Yves et François Olivaux* (insubmersible et auto-redressant, il est capable de se retourner en vingt secondes).
Ce canot s'inscrira comme les précédents, dans une histoire qui, depuis des siècles, a fini par faire partie des gènes des insulaires.

*Le tout nouveau bateau de la station de sauvetage SNSM de Sein. Il porte le nom de* Yves et François Olivaux.

FOCUS

# LE RECTEUR NE SAVAIT PAS LE LATIN

L'histoire est bien connue mais elle a gardé toute sa signification, sa valeur de témoignage sur la vie des Senans, il y a exactement 400 ans.
Au début du XVII^e^ siècle, le desservant de l'île de Sein avait dû regagner le continent à la demande de l'évêque de Quimper. La paroisse se retrouva donc sans prêtre. Les recteurs ne se bousculaient pas pour exercer leur ministère sur une île où le confort minimum d'une vie décente n'existait pas, où la nourriture à base de poissons et de panais était peu variée, où il n'existait pas la moindre source d'eau potable : les îliens recueillaient l'eau de pluie coulant des toitures et chaque bateau revenant du cap Sizun était tenu de ramener une barrique d'eau de source.
En 1613, le prédicateur Dom Michel Le Nobletz apprit que « *les habitants de Sein vivaient, dès lors, comme des barbares* » et décida de se rendre dans l'île malgré les mises en garde qu'il reçut. Il allait, disait-on, affronter de graves dangers tant à cause des mœurs un peu rudes des insulaires que des périls de la navigation dans ces parages.
Le noble homme rétorqua : « *Les dangers sont certains mais il y en a plus à ne pas se fier en la bonté de la Providence et laisser à l'abandon des âmes rachetées par le sang du fils de Dieu* ».
Le père Maunoir, biographe de Le Nobletz, raconte dans son ouvrage que Dom Michel découvrit une île où l'Église de Jésus-Christ affrontait des croyances anciennes. « *Trois femmes héritières des druidesses antiques y enseignaient encore le culte des astres et se mettaient à genou devant la nouvelle lune* ». Le saint homme fut reçu comme un sauveur par la plus grande partie de la communauté, se consacra corps et âme à son œuvre d'évangélisation et éduqua dans la piété un îlien, François Le Su, qui lui devint une sorte de sacristain, puis un

*L'église Saint-Guénolé n'est pas celle que connut le fameux recteur. Elle ne date que du début du XX^e^ siècle.*

*Une des éditions du célèbre et emblématique roman d'Henri Queffélec reprend l'affiche du film qui en a été tiré.*

co-adjuteur, capable de mener les processions et les prières.

Au retour de Dom Michel sur la grande terre, Sein se retrouva de nouveau sans prêtre, mais François Le Su continua de faire office de recteur sans avoir reçu la moindre onction ecclésiastique.

À la suite du voyage de deux jésuites sur l'île, en 1641, l'évêque décida de proposer une forte rente à tout prêtre qui accepterait de demeurer deux ans dans l'île. En vain. Personne ne voulait affronter un tel exil avec, pour seul viatique de survie, une dîme sous la forme d'un poisson que chaque famille lui remettrait pour sa subsistance. Faute de candidat, les jésuites évoquèrent le cas de François Le Su. Pourquoi ne pas en faire un prêtre puisqu'il s'accommodait de la vie insulaire ?

Entre-temps, l'épouse de Le Su était décédée et lui-même allait sur ses soixante ans. On le fit venir à Landévennec et à Quimper où les chanoines firent la fine bouche en constatant qu'il ne parlait pas latin... Pesant les vertus chrétiennes de François, au regard de ces lacunes dans la langue de Virgile, l'évêque finit par accepter d'en faire un prêtre. Il reçut les ordres dans la cathédrale de Saint-Pol-de-Léon et s'en revint dans son île où il exerça son ministère à la satisfaction de tous pendant sept ans. Il envoya même un de ses neveux au séminaire afin de s'assurer un successeur.

Cette histoire a été immortalisée en 1944 par l'écrivain Henri Queffélec dans son livre *Un recteur de l'île de Sein*, adapté à l'écran en 1950 par Jean Delannoy, avec Pierre Fresnay, sous le titre *Dieu a besoin des hommes*.

Plus près de nous, l'île a connu un autre grand rendez-vous avec le cinéma à l'occasion du tournage, en 1994, de *Élisa* de Jean Becker, avec Vanessa Paradis et Gérard Depardieu.

# LES OISEAUX DE MER, ROIS DES FALAISES

Les délicates mouettes tridactyles ne nichent pas sur les minuscules corniches des falaises du cap Sizun par plaisir. Leur instinct de survie et leur farouche volonté de préserver leurs oisillons leur ont appris que seules les parois les plus vertigineuses les mettraient à l'abri des prédateurs terrestres à quatre pattes. Le renard et la fouine qui pullulent sur les pentes herbeuses ne feraient qu'une bouchée des œufs à peine pondus si les oiseaux de mer ne défiaient pas les lois de la pesanteur pour édifier leurs nids. Mais elles n'avaient pas prévu que le danger viendrait du ciel : depuis deux ans, les mouettes qui voisinaient avec les fulmars et les guillemots sur le territoire de la réserve ornithologique du cap Sizun, commune de Goulien, ont déserté les lieux, victimes du retour d'un prédateur, absent du cap depuis un demi-siècle, le faucon pèlerin. « *C'est lui le nouveau roi des falaises* », dit Jean-Yves Monnat, biologiste à l'Université de Bretagne Occidentale à Brest.

*Les grands cormorans, sur les rochers de la côte nord du cap Sizun.*

*Les falaises du cap sont un lieu de reproduction prisé des oiseaux marins. Les grandes étendues de sable apportent aux échassiers une nourriture abondante, notamment à marée basse.*

Ce chercheur qui n'hésitait pas à descendre en rappel le long des falaises pour s'approcher des nids de mouettes, saisir les poussins de l'année et leur enfiler des bagues multicolores permettant de les identifier à distance, ne peut que constater les dommages collatéraux de la réintroduction du rapace. « *Une quinzaine de couples suffisent à modifier l'équilibre biologique qui s'était installé. La colonie de mouettes a migré : elle ne pouvait pas résister au faucon dont les piqués peuvent atteindre 420 km/h* ».
On retrouve aujourd'hui des mouettes un peu plus loin, près des pointes du Van et du Raz. À Goulien, les guillemots, les cormorans huppés et les fulmars sont toujours là, en compagnie des omniprésents goélands argentés.
Les oiseaux ne constituent que l'une des attractions de ce lieu qui permet également une découverte de la flore particulière des bords de falaise, le long d'un sentier de grande randonnée d'où la vue s'étend jusqu'à la presqu'île de Crozon et même, par temps clair, jusqu'à l'entrée du goulet de Brest, la pointe Saint-Mathieu et l'île de Béniguet.
La réserve du Cap est ouverte au public du 1er avril au 31 août pour une belle leçon de vie sauvage.
Pour ceux qui ne peuvent parcourir les falaises et qui veulent voir certains oiseaux de mer de très près (ainsi que la faune maritime, poissons, céphalopodes), une initiative touristique intéressante s'est développée à Audierne : l'Aquashow fait, plusieurs fois par jour, une démonstration de rapaces en vol et de pêche sous-marine du grand cormoran.

*Remarquable éclairage de Sein et de sa chaussée qui permet de saisir en un seul coup d'œil le phare de Goulenez et celui d'Ar-Men, tout récemment classé Monument historique. Il se trouve 12 km à l'ouest de l'île.*

# Du cap à Sein, la saga des phares

Une profession est en train de s'éteindre : celle de gardien de phare. Partout les dispositifs automatiques dont la surveillance s'exerce à distance, à la pointe de Bretagne, depuis Brest ou Ouessant, assurent la pérennité d'un service que, pendant quatre siècles, les hommes ont exercé sur place. Depuis 1611, date de l'allumage du phare de Cordouan dans l'estuaire de la Gironde, au péril de leur vie, soumis aux humeurs changeantes de l'océan, les gardiens ont écrit de belles pages d'héroïsme au quotidien.
À la pointe du cap Sizun, ils ont travaillé dans des conditions que seuls leurs camarades de l'archipel de Molène et Ouessant, plus au nord, sont en mesure d'évaluer. Ils ont fait tourner les lanternes dans les parages les plus difficiles qui soient pour la navigation. La saga des phares est une litanie d'épreuves surmontées.

*Le phare de la Vieille, dans le Raz de Sein, par très gros temps.*

Il a fallu d'abord trouver les hommes pour les construire, ces tours qui ne sont utiles que là où il est impossible de poser un moellon sur un rocher. Puis recruter des hommes pour les habiter et les faire fonctionner avec la rigueur que l'on attend d'un capitaine de navire. C'est sur le langage des éclats de phare que comptaient, avant l'invention du GPS, les milliers de marins qui remontent et descendent chaque nuit la mer d'Iroise, afin de recaler leur route et de se tenir en dehors de dangers mortels.
Il a fallu aussi apprendre à ces hommes à vaincre les deux principales difficultés de leur vie en mer : d'une part, les périls de la navigation pour se rendre au travail et en revenir, d'autre part la solitude, même si elle était partagée à deux, d'autant plus cruelle que la terre n'est pas loin, qu'on peut la voir mais qu'elle est inaccessible pendant deux semaines. Deux semaines au minimum car les conditions météorologiques peuvent laisser s'enchaîner les perturbations et leurs pièges pendant des mois. Trois mois et dix jours, même, pour celui qui a eu la malchance de tomber au mauvais endroit, au mauvais moment, à Ar-Men.

Entre la pointe du Raz et la haute mer, au-delà de Sein, quatre ouvrages principaux et quatre autres feux de moindre importance forment un réseau qui permet aux marins de passer du golfe de Gascogne à la mer d'Iroise avec un minimum de sérénité.
Dans le Raz de Sein, Tevennec et la Vieille sont les deux repères. Plus à l'ouest, est implanté le phare de l'île de Sein, connu sous le nom de phare de Goulenez. Enfin, à douze kilomètres de l'île, sur la chaussée de Sein, Ar Men domine les flots et balise la fin, ou le début, de la zone particulièrement dangereuse.
Sur l'île de Sein elle-même, Goulenez est actuellement le seul phare encore gardienné. La raison ne tient pas aux difficultés de fonctionnement de la lanterne elle-même mais au fait que le phare est, avec ses bâtiments annexes, le pôle vital de la vie insulaire. La pointe nord-ouest de l'île abrite, en effet, à la fois la centrale électrique et l'osmoseur assurant la production d'eau douce. Le phare et son gardien sont donc les dispensateurs du confort moderne de la cité. Cela dit, la municipalité craint que les emplois des Phares et Balises ne tiennent pas pour l'avenir. Elle a pris les devants en demandant au préfet du Finistère le gel des emplois d'État sur l'île. Depuis son premier allumage en 1839, le fût noir et blanc du grand phare est rassurant pour les îliens. Ils y voient un point fixe, une gigantesque agrafe qui attache leur île au plateau continental et l'empêche de dériver dans l'Iroise.

*Le phare de Goulenez est érigé en lieu et place d'un premier feu datant de 1838. C'est l'un des rares phares français à être encore gardienné.*

*Le phare de Tevennec au nord d'une ligne reliant la pointe du Raz et l'île de Sein pâtit d'une réputation sulfureuse…*

La mort dans l'âme, les grands-parents des insulaires d'aujourd'hui ont vu, un jour de 1944, leur beau phare en pierres de taille s'effondrer sous les explosifs posés par la garnison allemande en déroute. Après une transition assurée par un feu sur un pylône métallique, le nouveau phare, construit cette fois en béton, fit tourner son premier faisceau en 1951.

L'îlot de Tevennec, en face de la baie des Trépassés, traîne depuis des siècles une sale réputation. On ne compte plus les récits les plus effrayants qui s'y rapportent. Toujours, il est question de lieu hanté par des spectres, par les âmes des marins morts, par les cris des naufragés en perdition.

Que le lieu soit dangereux, personne ne le conteste : les rochers se dressent sur la route des navires qui, après avoir franchi le Raz de Sein, espèrent trouver un abri en baie de Douarnenez. Les jours de tempête, ou par temps bouché, dans les sautes de vent qui rendent aléatoires les trajectoires des barques à voiles de l'ancien temps, il est évident que de nombreux naufrages s'y déroulent. On garde en mémoire le cas du *Saint-Louis*, une frégate de la fin du XVIIIe siècle qui se brise sur les rochers. Plusieurs survivants se hissent sur l'îlot mais pas un seul n'en réchappe, renvoyés à la mer et à la mort par une tempête qui balaie l'écueil.

*…mais une récente résidence de passionné pourrait contribuer à le dédiaboliser.*

*La Vieille fait partie des phares que les gardiens classaient dans la catégorie des « enfers ».*
*Il est maintenant automatisé.*
*Il continue de veiller sur le Raz de Sein.*

Sans doute pour tenter de mettre fin à l'hécatombe, l'administration des Phares et Balises décide, au milieu du XIX$^{e}$ siècle, d'y établir un feu.

Les ouvriers qui y travaillent n'en peuvent plus d'entendre les cris déchirants qui dominent le bruit des vagues. Nommé en 1875, le premier gardien de phare observe lui aussi des phénomènes anormaux. On lui adjoint un compère qui succombe bientôt à l'esprit des lieux. Un prêtre vient même conjurer le diable de quitter le phare. On y dresse une croix. Rien n'y fait. La poisse s'en mêle : un gardien meurt en se vidant de son sang après un accident assez banal. L'administration y affecte un couple : la femme du gardien meurt après avoir donné le jour à un enfant qui ne survit pas. La rumeur amplifie une histoire déjà tragique. En réalité, plusieurs couples y séjourneront au tournant du siècle, certains assez sereinement avec deux, voire trois enfants. Mais la légende est née et rien ne l'arrêtera plus.

Les Sénans qui fournissent le plus gros contingent de gardiens ne veulent plus de cette affectation, sans doute à cause de la mauvaise réputation du phare mais surtout parce que l'îlot est très difficile d'accès et que la relève bimensuelle ne peut pas être réalisée dès que la mer se forme. Les séjours, trop souvent, s'y éternisent et les vivres frais viennent fréquemment à manquer.

*À contre-jour, la Vieille domine le sémaphore de la pointe du Raz. Elle est en réalité moins élevée que lui. Entre les deux, l'écueil de Gorle Greiz.*

La direction des phares finit par se résoudre à automatiser le feu qui devient permanent en 1910. On lui affecte une réserve de gaz qui doit permettre de tenir la lanterne allumée pendant dix-huit mois : les revenants ne sont pas trop souvent dérangés.

L'histoire ne s'arrête pas là : les esprits positifs du XXI$^{e}$ siècle ne croient pas aux fantômes et par convention avec l'administration, la Société nationale pour le patrimoine des phares et balises (SNPB) a décidé de restaurer l'habitation et d'en faire une résidence d'artistes. Elle a commencé par y planter une croix de fer, les deux précédentes, en granite, ayant été enlevées par les lames… Un pionnier y a passé seul plusieurs mois en 2016.

Quant au vacarme d'outre-tombe que l'on y perçoit, il serait dû à l'existence sous la roche, d'un passage creusé par les vagues et où l'eau s'engouffre avec fracas…

Non loin de Tevennec, juste en face de la pointe du Raz, le phare de la Vieille n'était pas non plus une affectation de tout repos pour les gardiens, bien que la tour soit située près du continent. Un épisode célèbre mais malheureux s'attache à ce phare du fait d'une décision assez surprenante de l'administration. Quelques années après la fin de la Première Guerre mondiale, la France dut gérer la réinsertion sociale de tous les mutilés des combats. Elle entama ce que l'on a appelé la politique des « emplois réservés ».

*Le chemin de ronde sous la lanterne du phare de Goulenez, à Sein. En dessous, l'escalier du même phare. En bas, la tour à feu de la Plate, voisine de la Vieille, dans le Raz de Sein.*

C'est ainsi qu'en 1925 deux grands blessés d'origine corse furent affectés comme gardiens à la Vieille. L'expérience tourna court car les deux hommes, laissés seuls après la relève du titulaire, ne purent gérer physiquement les tâches et finirent par paniquer au point de hisser le pavillon de détresse. L'état de la mer ne permit pas une intervention immédiate et un soir de tempête, le phare ne fut pas allumé. Il s'ensuivit un naufrage. À la suite de l'accident de mer, et après une relève acrobatique qui vit les remplaçants devoir rejoindre le phare en se jetant à l'eau, il fut décidé en haut lieu que le métier de gardien ne pouvait pas être réservé aux manchots.

Un faisceau de phare aperçu par qui vient du large ? « *Il fait bondir le cœur : c'est un éclat de joie très pure* ». L'écrivain Jean-Pierre Abraham sait de quoi il parle. Il a été gardien du phare d'Ar-Men, à l'extrémité de la chaussée de Sein. Ar-Men reste le plus emblématique des « enfers » que furent, avant leur automatisation, les phares de pleine mer. Du haut de la galerie, à plus de trente mètres au-dessus des vagues, Jean-Pierre Abraham a eu tout le temps d'observer l'océan à ses pieds.

*En images des archives du service des Phares et Balises, les différentes phases de la construction du phare d'Ar-Men.*

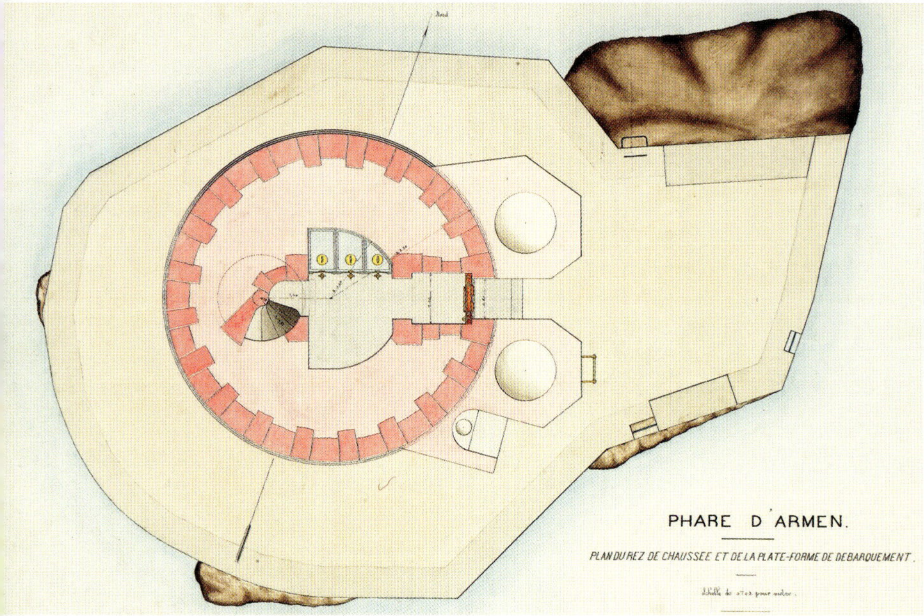

« *La terre et la mer, c'est d'abord une enclume et un marteau. Et eux, entre les deux, s'entendent à faire des étincelles* », écrit-il.

Enfer pour ses gardiens dont l'un y attendit trois mois la relève du fait de gros temps permanent, Ar-Men fut d'abord un enfer pour ses constructeurs.

La décision de construire un repère pour la navigation à l'extrémité de la chaussée de Sein date du milieu du XIX$^{e}$ siècle. Après quelques naufrages spectaculaires, l'administration se met en quête d'un emplacement propice à l'établissement d'un phare. Le choix se limite à hiérarchiser les impossibilités. Celui-ci finit par se fixer sur Ar-Men, « la roche », un massif rocheux n'affleurant que quelques minutes à chaque marée basse. Les Sénans, après s'être fait prier, acceptent de participer aux travaux en convoyant à bord d'un navire à vapeur les maçons du cap Sizun embauchés par la Direction des Phares. Les premiers coups de burin datent de 1867 : il faut, en effet, commencer par creuser des trous dans la surface de la roche pour y ancrer des goujons de fer et poser, au ciment rapide, des moellons de granite dont le premier rang s'encastrera dans une rigole faisant le tour de la plate-forme de douze mètres sur sept.

Dès que conditions de vent et de marée le permettent, les ouvriers revêtent leur gilet de sauvetage bardé de liège, s'encordent et pataugent dans l'eau pour travailler. Un canot récupère ceux qu'une vague emporte.

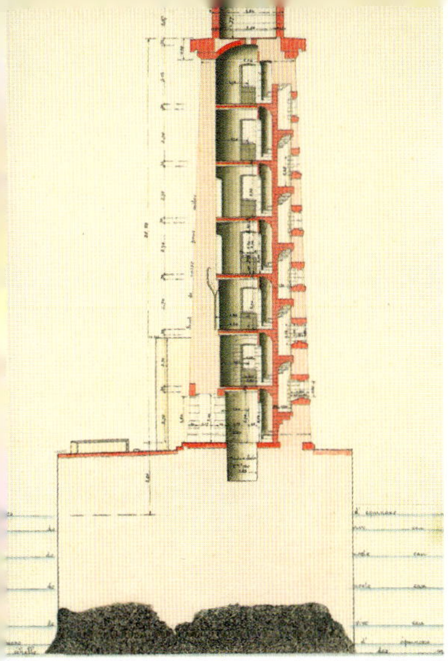

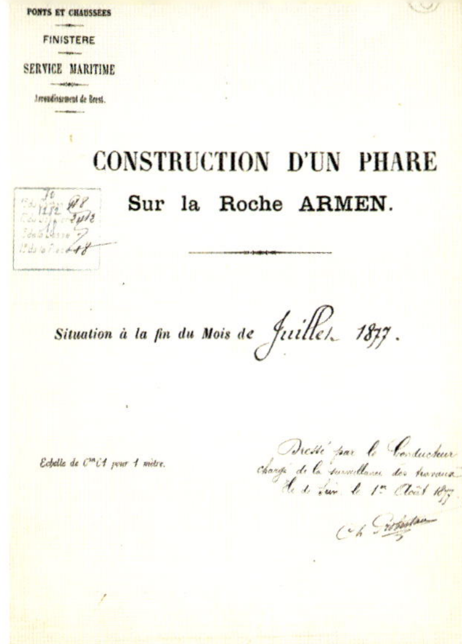

PONTS ET CHAUSSÉES

FINISTERE

SERVICE MARITIME

Arrondissement de Brest.

CONSTRUCTION D'UN PHARE

Sur la Roche ARMEN.

Situation à la fin du Mois de Juillet 1877.

Echelle de 0m01 pour 1 mètre.

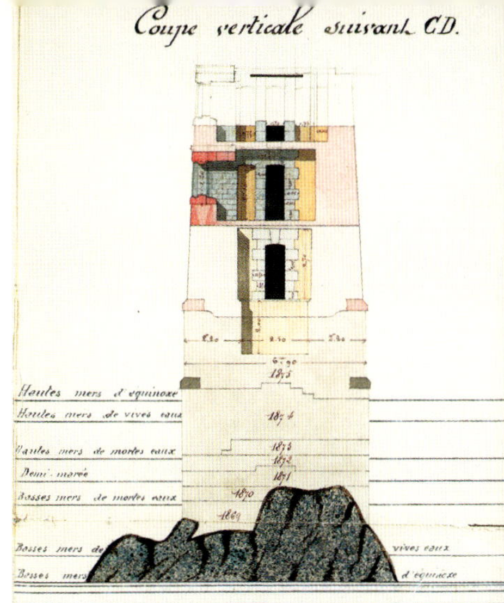


Les premières années sont décourageantes : huit heures de travail sur la roche en 1867. L'année suivante, dix-huit heures ; 1869 voit la pose des premiers moellons. Il faudra encore douze ans de travail et un seul accident mortel, ce qui tient du miracle, pour que la lanterne s'allume le 31 août 1881. Le pied du phare sera renforcé par la suite afin de pouvoir résister aux lames qui le giflent avec force et constance.

Au rythme, pour les hommes, de trente jours au phare, puis dix jours à terre, à l'île de Sein, le gardiennage du phare d'Ar-Men va durer 109 ans, jusqu'au 10 avril 1990. Les récits de leur « sacerdoce », faits par les uns et les autres des acteurs, sont dignes d'une saga. En 1921, un gardien est emporté par une lame alors qu'il pêche depuis la plateforme. En 1923, un incendie se déclare dans la cuisine alors que les gardiens sont en haut, occupés à allumer la lanterne. La tour fait cheminée. Réfugiés sur la galerie, les hommes dont l'un est unijambiste, mutilé de la Grande Guerre, n'ont qu'un seul recours : descendre par l'extérieur à la force des bras le long du câble du monte-charge. Ce qui ne les empêchera pas de venir à bout du sinistre à coups de seaux d'eau de mer. Pendant la Seconde Guerre mondiale, le phare « accueille » une garnison allemande qui place les gardiens sous ses ordres. Ils ont pour mission de n'allumer le phare que lorsque la Marine d'occupation le demande pour ses propres manœuvres d'entrée et de sortie du port de Brest. La cohabitation n'est pas très sereine.

Les conditions de travail s'améliorent pendant la seconde partie du XX$^{e}$ siècle. À partir de 1971, les gardiens de « l'enfer » bénéficient d'un nouveau rythme : deux semaines au phare et une semaine à terre.

Depuis 1990, à Ar-Men, premier phare à être automatisé, les équipes de l'entretien annuel sont hélitreuillées sur la tour et un plongeur continue d'inspecter régulièrement les fondations.

*C'est une œuvre titanesque qui attendait les concepteurs et constructeurs du phare d'Ar-Men à la fin du XIX$^{e}$ siècle.*

# LES LIGNEURS DU RAZ DE SEIN

L'île de Sein, aux conditions de vie éprouvantes, ne s'ouvre pas au visiteur comme un jardin fleuri. Il faut mériter la traversée depuis Saint-Evette, le port avancé d'Audierne. Même les jours de temps calme, et quelle que soit la direction du vent, le raz qui court de la pointe du même nom jusqu'à l'île et la chaussée qui va de l'île au phare d'Ar-Men, se couvrent d'écume tant les courants de marée y sont puissants. Ces courants et la houle venant de la haute mer y mêlent leurs ondes, créant des remous fabuleux qui meurent en gerbes d'écume pour mieux rebondir plus loin sur un autre écueil. Le plus beau spectacle jaillit lorsque s'opposent le vent et le courant de marée ; le plus beau, le plus dangereux et aussi le plus fécond pour les intrépides pêcheurs de bar. Car c'est ce moment-là que le prédateur qui n'affectionne rien de plus que les eaux en torrent perpétuel, choisit pour chasser les petits poissons désorientés par les éléments.

Nous entrons là dans le royaume des seigneurs de la mer : les ligneurs du Raz de Sein.

*Les bars pêchés à la ligne dans le Raz de Sein font la fierté de professionnels d'exception…*

Photo Benoît Stichelbaut

*… que l'on voit ici au travail dans les parages du phare de la Vieille, dans des conditions de mer quasiment habituelles.*

Ils sont une dizaine, seuls à bord de leur embarcation qui semble ridiculement petite par rapport à la majesté des lieux. Ils s'y livrent avec virtuosité à un jeu dangereux qui est aussi leur gagne-pain : traquer le bar là où personne d'autre qu'eux n'oserait le faire. Ils travaillent en permanence en rase-cailloux, tutoyant le danger à chaque virement de bord. Ils tiennent à la main une ligne garnie de plusieurs hameçons et ils guettent la prise tout en contrôlant la trajectoire de leur bateau. Dès que le bar mord, ils débrayent et se laissent aller dans le courant : ils ne pourraient pas remonter leur ligne contre sa force.

Le bar pêché à la ligne dans le Raz dispose d'une appellation particulière dont la renommée est bien assise et assure un cours de marché plus rémunérateur. Fin 2015, les ligneurs du Raz de Sein qui ne pêchent au total qu'un faible pourcentage de ce poisson noble, ont, en grande partie, échappé à la réglementation européenne contraignante qui contingente les prises pour sauvegarder la ressource.

# SUR LA CORNICHE DE PLOGOFF

Plein la vue, sous une luminosité souvent éblouissante, même par temps semi-couvert : la corniche de Plogoff est une balade hors du temps, sur des sentiers parfois raides. Pour les mollets moins aguerris, elle peut se fractionner, cette randonnée de sept kilomètres... à vol d'oiseau... qui joint le port du Loc'h à la pointe du Raz par la face sud.

Dernier coup d'œil à l'anse du Loc'h où se dandinent quelques bateaux : on y quitte la plaisance, comme on l'entend généralement, pour entrer dans le domaine des « travailleurs de la mer », façon Victor Hugo. Sur la côte de Plogoff, le vif du sujet est au premier virage. pointe du Mouton, pointe de Plogoff et première halte à Pors Loubous. Ce petit port dont on se demande comment on peut lui affecter cette dénomination dès que la mer se lève et balaie la petite jetée, possède ses fidèles qui n'ont pas froid aux yeux. Les petites cabines multicolores dont encore un bon nombre est affecté, servent à ranger le matériel de pêche. Il faut monter de quelques dizaines de mètres pour trouver une plaque et son inscription, à main droite : un hommage à trois Résistants de la France Libre, dont Honoré d'Estienne d'Orves, envoyés par le général de Gaulle en septembre 1940 pour coordonner la Résistance. Venus de Grande-Bretagne par bateau, ils débarquèrent ici clandestinement et furent hébergés par des habitants de Plogoff.

Entre Pors Loubous et Feunten Aod, où EDF projetait sa centrale nucléaire, la pente appartenait autrefois aux ramasseurs de goémon dont on peut encore voir les fours à soude. Quelques restes de daviers subsistent également.

*La jetée de Pors Loubous est polie par les vagues depuis des décennies.*

*À la mémoire des Résistants.*

*Le petit havre de Bestrée, réservé aux vrais spécialistes des accostages périlleux !*

Feunten Aod était une aiguade renommée où les navires faisaient de l'eau avant de traverser le Raz. Il y reste encore, à la belle saison, des pêcheurs plaisanciers. Un souvenir de la Seconde Guerre mondiale est gravé directement sur le granite d'un menhir contemporain : l'inscription commémore l'échouage en février 1944 du *Jouet des Flots* dans lequel se trouvait le Résistant Pierre Brossolette, arrêté quelque temps plus tard par les Allemands.

Entre les ajoncs et la bruyère, on progresse vers l'ouest tandis que les vaguelettes d'un jour sans vent miroitent au couchant. Bestrée se profile bientôt, juste au-dessous du grand parking des visiteurs de la pointe du Raz. Même par temps calme, sous le simple effet de la marée montante, des lames déferlent sur la digue reliant des chaos rocheux. La descente est abrupte, un treuil rouille aux vents marins et, derrière soi, la masse de granite des falaises impressionne. Tout concourt à démontrer la précarité du havre. Pourtant ce port le plus proche de l'île de Sein a servi d'embarcadère pour traverser le Raz jusqu'en 1970. C'est là aussi qu'accostait la vedette des Phares et Balises chargée d'assurer la relève des gardiens du phare de la Vieille. La pointe du Raz n'est plus qu'à un kilomètre sur un sentier de plus en plus minéral. Les gerbes d'eau de l'enfer de Plogoff jaillissent au loin avec fracas. Il est temps de remonter sur le dos de la pointe.

RESTAURANT DE LA RADE

*La ville de Douarnenez, bien étagée sur un coteau, se focalise sur son port.*

# Douarnenez,
## sardines et grains de folie

Douarnenez occupe une place à part dans le panthéon des villes bretonnes. La ville de la sardine se singularise par bien des aspects. Tout d'abord par son site : elle s'étale sur un coteau au fond d'une baie abritée propice à l'installation d'un port. Celui-ci est devenu le point central autour duquel tourne la vie de la cité. On devrait d'ailleurs employer le pluriel pour parler du port puisqu'au fil des siècles, des havres successifs ont fait vivre les Douarnenistes. De ses rues pentues, la vue s'égare jusqu'à la presqu'île de Crozon. Dans les lointains, on aperçoit les flancs du Menez-Hom et à l'est, on sent plus qu'on ne voit la présence de la montagne sacrée de Locronan.

Le site impose sa marque mais c'est le caractère de ses habitants qui le fait vivre. Les Douarnenistes, qui parlent avec un accent reconnaissable entre tous ceux de Basse-Bretagne, constituent une communauté travailleuse mais aussi rebelle, festive, conviviale,

*Avant la crise de la sardine, au début du XXe siècle, Douarnenez comptait jusqu'à 600 chaloupes sardinières.*

ouverte à la dérision comme à la vie d'artiste et capable de transformer son passé en moteur de sa nouvelle image. Inutile de nier que la ville a connu sur le plan économique des jours plus flamboyants. En un demi-siècle, elle a perdu un quart de sa population. Les bateaux ne se bousculent plus dans les bassins et bien des usines de transformation de poisson ont souffert de la raréfaction de la ressource.

Mais Douarnenez rebondit.

Elle le doit à ses propres forces. Elle est, par exemple, la première ville à avoir organisé des fêtes maritimes centrées sur le patrimoine. Elle est tout à fait légitime sur le sujet puisque les marins de Douarnenez s'inscrivent dans une tradition séculaire. Inutile d'aller très loin dans le temps, à peine 150 ans, pour trouver sur les vieux clichés, un port débordant de chaloupes sardinières. Au plus fort de l'exploitation du petit poisson bleu et argent, en 1900, on compte 5 600 pêcheurs et 800 bateaux à voile. Les chaloupes ont une taille standard, 28 pieds de long, soit un peu plus de neuf mètres, avec un grand mât et un mât de misaine. Le bateau est fin et remonte bien au vent. Avec un équipage de six à dix hommes chacune, les embarcations ramènent au port de quoi alimenter les fritures des 26 conserveries.

DOUARNENEZ. – Le Grand Port au Retour des Barques – ND

*Tous les quatre ans, Douarnenez et Brest jouent la nostalgie de la marine à voile.*

La fermeture des boîtes métalliques par soudure a révolutionné la conservation du poisson qui auparavant était pressé et salé dans des barils où il pouvait rester consommable pendant un an. C'est au bistrot que les pêcheurs partagent leurs gains de la marée. On dit que la ville compte alors autant de débits de boissons qu'il y a de bateaux. Les naufrages sont monnaie courante. En un siècle, près de 1 000 marins douarnenistes perdent la vie en mer.

La vie du port connaît de fortes crises : dès 1902, la raréfaction de la ressource entraîne des désordres sociaux. Les femmes qui travaillent dans les conserveries survivent en confectionnant de la dentelle qui est expédiée aux USA. Mais ce sont les grèves des sardinières de 1924, les « Penn Sardin », qui restent dans l'histoire. La revendication porte sur le niveau des salaires, si bas qu'ils n'empêchent pas la misère des travailleuses. La grève qui dure de novembre 1924 à janvier 1925, est émaillée d'incidents graves, impliquant notamment les usiniers qui embauchent des « jaunes ». Le maire communiste de « la ville rouge », Daniel Le Flanchec échappe miraculeusement à une tentative d'assassinat. Au final, les ouvrières parviennent à obtenir une bonne revalorisation de leurs revenus.

Photo Dominique Guillaume

*Fumer des harengs pour les conserver est plutôt une habitude nordique mais la petite boîte métallique sertie, elle, a fait la fortune des Douarnenistes.*

*Les gros bateaux de pêche se font plus rares et le bâti urbain flotte un peu. Mais Douarnenez rebondit.*

Après la sardine, la langouste : les pêcheurs de Douarnenez exploitent, après-guerre, cette nouvelle ressource. Une trentaine de langoustiers armés chacun d'une douzaine d'hommes effectuent des marées de trois mois au large de la Mauritanie. Soit congelée, soit conservée en vivier pendant le trajet, la langouste va assurer jusqu'en 1970 la richesse du port.

Actuellement, il reste une vingtaine de navires de pêche dans le port mais la fréquentation des quais est supérieure car nombre de chalutiers espagnols viennent débarquer ici leurs poissons pour s'éviter de longs trajets improductifs vers leurs ports d'attache. Deux usines de conserve de poissons subsistent aussi. Il faut dire que depuis quelques années, la sardine est de retour. On compte à la pointe de Bretagne, une vingtaine d'unités dédiées à cette pêche dont quelques-unes à Douarnenez.

À la fin des années quatre-vingt du XXe siècle, une initiative va faire florès : transformer en économie culturelle

*« L'école des mousses » :
la relève est assurée.*

cette forte histoire de relation séculaire avec la mer. Dans un même mouvement de valorisation des racines naissent des revues qui vont connaître leur heure de gloire, *Le Chasse-Marée* et *Armen* ; un port-musée dans les eaux du vieux Port-Rhu, et des fêtes maritimes biennales dont l'esprit sera repris dès 1992 par Brest, la grande métropole du nord. Tous les quatre ans, les fêtes du nord et du sud Finistère se succèdent dans la même semaine et finissent par se confondre, attirant des « pèlerins » d'un nouveau genre appréciant la convivialité des Douarnenistes. Le clou de la manifestation est d'ailleurs la grande traversée, cette procession de centaines de voiliers qui, à travers le goulet de Brest, les Tas de Pois de la pointe de Pen Hir et la baie de Douarnenez rejoignent la cité de la sardine et accostent au Rosmeur pour déguster de folles agapes bien arrosées et les coups d'éclat des musiques festives. Les Douarnenistes continuent de cultiver leur sens de la fête chaque année, à l'occasion du carnaval que l'on appelle ici les « Gras » et qui constitue l'événement phare de l'hiver. On enterre la mauvaise saison pendant quatre jours, du samedi au mercredi qui entourent le Mardi Gras. La tradition a eu le temps de s'établir puisqu'on en trouve trace dès le milieu du XIXe siècle. En fait, elle marque pour les populations maritimes le début de la pêche au maquereau.

Le carnaval survit à la Guerre 14-18 et son succès suit les phases économiques de la pêche. Il commence à péricliter dans les années cinquante avec la crise de la pêche artisanale puis bénéficie d'un regain de popularité depuis plus d'une quarantaine d'années. Aujourd'hui, les « Gras » drainent des fêtards de toute la Bretagne : il y a peu, les étudiants brestois affrétaient des cars pour venir s'éclater après s'être déguisés. Le défilé des chars a lieu le dimanche, la soirée du mardi est la plus courue. La foule déambule, se protège du froid en ingurgitant quelque liquide revigorant, traque les voyeurs, entre vraies fanfares et cacophonie assumée, dans un joyeux tintamarre surréaliste. La dérision et le ton libertaire sont de mise.

La soirée est marquée par la mise à feu de Den Paolig, le « Monsieur Carnaval », un mannequin auquel on donne les traits de la tête-à-claques de l'année. Les bars ne désemplissent pas de la nuit et une atmosphère de « tout est permis » règne sous les accoutrements dont certains sont d'ailleurs des œuvres d'art très sophistiquées.

Les Douarnenistes, défenseurs d'un genre de vie un peu décalée : c'est aussi ce qui transparaît dans les bandes dessinées de Charles Kerivel, dans les textes de René Pichavant, tous deux à l'affût de toutes les expressions qui font le sel de la vie locale, du centre-ville jusqu'à Tréboul.

*À l'approche du Carême, une drôle d'effervescence saisit Douarnenez…*

Autre aspect d'un même trait de caractère : la vénération de tous pour le *Bolomig*, une statue en bronze inspirée de l'art égyptien qui trônait à l'origine, au XIXe siècle, sur une fontaine et dont on peut voir maintenant une copie (l'original est en mairie) sur un piédestal de granite, au centre-ville. À l'instar du Manneken-pis de Bruxelles ou de la Sirène de Copenhague, le *Bolomig* vit en osmose avec ses concitoyens : revêtu d'un maillot jaune quand le cycliste Ronan Pensec, enfant de Douarnenez, mène le Tour de France, affublé de divers oripeaux pendant le Carnaval, d'un bonnet rouge en 2013. La statue actuelle est une seconde copie car la première fut volée lors des Gras 2011 et jamais retrouvée malgré une enquête serrée de la gendarmerie.

*… elle explose dans les bars…*

*… et se répand dans les rues de la ville. Humour et dérision font florès.*

Douarnenez, une ville où l'humour plane toujours dans la vie quotidienne peut s'enorgueillir du parcours, planant également, de l'un de ses célèbres enfants. C'est en effet à Douarnenez qu'est né le premier engin volant de l'ère moderne : la barque ailée de Jean-Marie Le Bris qui était une sorte d'oiseau en bois et toile qu'il réussit à faire décoller, remorquée par un cheval au galop. Face au vent, il réitéra à plusieurs reprises son exploit sur les plages de la baie de Douarnenez, entre 1858 et 1863. Le Bris était un marin, tout comme l'une des autres figures marquantes de la ville, Anita Conti. L'écrivaine et exploratrice de la mer y a vécu ses dernières années. Ainsi fit également Georges Perros. Et c'est l'auteur de *Papiers collés* qui a donné son nom à la médiathèque de la place de l'Enfer. Cette tradition littéraire et artistique se poursuit de nos jours. Plusieurs écrivains, comme Gérard Alle, et peintres, continuent de faire rayonner la ville et son esprit particulier. Quant aux cinéphiles, ils entendent chaque été souffler le vent du monde à l'occasion du très ouvert et très éclectique festival international de cinéma des minorités qui fête ses quarante ans en 2017.

*Une passerelle piétonne relie Douarnenez à Tréboul qui, bien que réunie administrativement à sa grande sœur, garde son charme particulier avec ses résidences au bord de l'eau et son cimetière marin.*

On n'aurait garde d'oublier la partie de la ville qui s'étend de l'autre côté de la rivière de Pouldavid. La commune de Tréboul n'a vu le jour qu'au XIX$^{e}$ siècle, quand ses marins se sont détachés des paysans de Poullan. Elle ne vivra que jusqu'à la Libération. Reliée depuis 1880 à Douarnenez par un pont de fer, Tréboul, en 1945, finit par faire partie intégrante de la grande cité à laquelle elle apporte d'un coup 5 000 habitants supplémentaires, une population vivant essentiellement de la mer.

Outre le franc-parler de ses habitants qui contribue à l'alchimie de la personnalité de Douarnenez, Tréboul apporte à la ville unifiée une dimension balnéaire. Dans l'entre-deux-guerres, le bourg des marins est, en effet, devenu un lieu de villégiature apprécié : opulentes villas et colonie de vacances se construisent en bordure de belles plages. Depuis quelques décennies, cet aspect s'est renforcé : les anciennes maisons de pêcheurs sont rénovées et agrandies, l'ancienne grève où s'échouaient les barques est aménagée en port de plaisance. Et surtout, Tréboul acquiert une image très dynamique dans le domaine de la thalassothérapie. Bien-être et rééducation fonctionnelle drainent une large clientèle qui joue un rôle économique non négligeable et porte loin une image forte de toute la région.

# *LE KOUIGN AMANN,* GARANTI PUR BEURRE

« *Le kouign amann ? De Douarnenez, évidemment !* »
C'est ici, au milieu du XIXe siècle qu'est né ce fameux gâteau au beurre qui aujourd'hui est porteur d'une bonne partie de l'identité gastronomique bretonne. Certains exégètes de l'origine de ce monument assurent même qu'il est né dans la boulangerie de Yves-René Scordia, place de la Croix, un jour où il fallut improviser la réponse à une forte demande de la clientèle, avide de pâtisseries. Le boulanger fit avec ce qu'il avait sous la main, de la pâte à pain déjà fermentée qui devait partir au four, du beurre et du sucre, tous les deux denrées de luxe à cette époque.

Une explication complémentaire fait état d'une influence scandinave : dès le milieu du XIXe siècle, le port de Douarnenez recevait la visite régulière de goélettes norvégiennes venues livrer l'appât de la pêche à la sardine, la rogue de morue. Les marins firent goûter leur pain sucré aux Douarnenistes qui l'apprécièrent et voulurent en fabriquer eux-mêmes. Le kouign amann était lancé et rien n'allait enrayer le succès de cette pâte tiède et goûteuse. Mieux, on continue de s'en lécher les doigts dans toute la Bretagne et ailleurs.

*Le secret est double : des ingrédients de qualité et un tour de main qui ne s'acquiert qu'avec le temps.*

*Une belle couleur qui ne peut venir que du beurre.*

Au fil des ans, la recette s'est affinée, puis stabilisée. Elle rassemble 400 g de pâte à pain fermentée, 300 g de beurre et autant de sucre. L'ensemble est feuilleté, placé dans un moule à tarte, puis mis au four jusqu'à la formation d'un caramel. La subtilité vient du temps de cuisson. Le caramel ne doit pas être trop dur. Cela voudrait dire que la pâte s'est desséchée alors qu'elle doit conserver tout son moelleux. On la sert tiède.

Dans les cuisines d'aujourd'hui, tous les ingrédients lèvent ensemble et reposent trois heures avant le feuilletage et la cuisson.

Le kouign amann a connu son heure de gloire en l'an 2000 : il a été servi aux invités de Jacques Chirac, alors président de la République, à l'occasion de la *garden-party* du 14 juillet, au palais de l'Élysée.

*« Le fait qui veut, le réussit qui peut »*, dit-on à Douarnenez !

*L'aspect engageant est une chose, le plaisir du palais en est une autre… bien supérieure !*

# À LA CRIÉE, LE POISSON SE MET SUR LE MARCHÉ

*Dans le port de Douarnenez.*

Pour prendre le pouls du cap Sizun et de Douarnenez, rien ne vaut une visite de l'une des deux criées de la région, celle de Poulgoazec ou celle du Rosmeur. C'est là que bat le cœur de la filière de la pêche.

À Poulgoazec, commune de Plouhinec, de l'autre côté du Goyen, les pêcheurs d'Audierne viennent vendre leurs prises. Les caisses de marée blanches et bleues de la Chambre de commerce de Quimper sortent prestement des navires et viennent chercher preneurs sous le grand hangar flanqué de chambres froides et de viviers où s'affairent manutentionnaires et acheteurs. Le déroulement de la vente obéit à des lois que seuls les initiés semblent comprendre. Les tonnages de débarquement ne sont pas énormes : entre 1 000 et 1 500 tonnes par an. Ce qui fait la réputation du lieu, c'est la qualité des produits de la mer. C'est, en effet, ici que se vendent les fameux bars de ligne, tous étiquetés d'un label agrafé à leur queue. Ils sont immédiatement achetés à bon prix par les mareyeurs qui vont livrer une clientèle de grands restaurants, à Paris ou ailleurs, et d'amateurs de produits d'exception. Les risques pris par les ligneurs du Raz de Sein trouvent ainsi leur justification économique : ils pêchent des poissons de qualité extra à la saveur incomparable et appréciée.

*La criée de Poulgoazec, commune de Plouhinec, en face des quais d'Audierne.*

La suprématie gustative du bar lui est disputée par le lieu jaune dont Poulgoazec est le principal point de débarquement. Les épicuriens peuvent disserter à l'envi sur les mérites de l'un et de l'autre.

Les caseyeurs qui piègent la langouste ou l'araignée de mer ne sont pas en reste. Les roches qui bordent la pointe du Raz ou la chaussée de Sein sont propices à la prolifération des crustacés dont le succès gastronomique ne se dément pas.

À côté de ces « vedettes », on trouve aussi d'autres poissons de qualité comme les lottes et les turbots. En 2016, les ventes, en hausse de 9 %, atteignent une valeur de 6,6 millions €.

Sur la côte nord-est du Cap, la criée de Douarnenez, modernisée et pouvant traiter 200 tonnes par jour, reçoit, pour sa part, surtout les poissons bleus : les sardines, les maquereaux, les thons. Près de 6 000 tonnes, pour une valeur de 5,8 millions d'euros, ont été débarquées en 2016.

Sauf exception, comme celle des navires étrangers débarquant leurs prises pour approvisionner par camions leur pays d'origine, tous les produits de la pêche doivent passer par la criée où la vente directe au particulier est interdite.

Pour un profane, la seule manière de découvrir cet univers étonnant est de passer par les offices de tourisme des villes concernées. Ceux-ci organisent une à deux fois par semaine en saison et pour un prix modique, des visites guidées.

## Remerciements

Jean-François Coatmeur, Annick et Roger Tanneau, Edmonde Quéméner, Annick et Jean-Noël Le Bars, M. et Mme Perrot, M. Jean-Paul Éclache, M. le Maire de Primelin, M. le Recteur de Douarnenez, Le Musée du Marquisat.

**Textes**
Hervé Quéméner

**Photographies**
Jean-Yves Guillaume

**Dessins**
Jean-Yves André

**Iconographie et Illustrations**
*Archives départementales, Benoît Stichelbaut, Dominique Guillaume, Hervé Inisan, SNSM*

**Conception graphique**
Bruno Pia

**Photogravure**
Hervé Inisan

**Cartographie**
Sylvie Vieillard

Achevé d'imprimer en mai 2017
par PrintCorp

1e édition
ISBN 978-2-915002-93-5
Dépôt légal 2e trimestre 2017

Ouvrage réalisé avec le soutien financier de la région Bretagne


13, rue du Port - Melon – 29840 PORSPODER
Tél. 02 98 33 61 72
www.georama.fr

## Des mêmes auteurs

### Hervé Quéméner

- *ABERS*, Éd. Géorama, 2016 (2e édition)
- *CROZON. ULTIME PRESQU'ÎLE*, Éd. Géorama, 2014
- *AFRIQUE, INTROUVABLE DÉMOCRATIE*, Éd. Dialogues, 2013
- *JACK KEROUAC, BRETON D'AMÉRIQUE*, Éd. Le Télégramme, 2009
- *PANORAMAS DE BRETAGNE*, Éd. Les Points Cardinaux, 2005
- *FINISTÈRE NORD*, Éd. Aubanel, 2003
- *LA ROUTE DE L'AFRIQUE*, Éd. Géorama, 2003
- *NOUS GRANDIRONS ENSEMBLE*, Éd. Robert Laffont, 2002
- *JACK KEROUAC, AU BOUT DE LA ROUTE, LA BRETAGNE*, Éd. An Here, 1999
- *SUR LA ROUTE DE LA SOIE EN CHINE*, Éd. Géorama, 1995
- *KOFI, HISTOIRE D'UNE INTÉGRATION*, Éd. Payot, 1991

### Jean-Yves Guillaume

- *ABERS*, Éd. Géorama, 2016 (2e édition)
- *MONTS D'ARRÉE*, Éd. Géorama, 2e édition, 2016
- *LE TOUR DU MONDE DANS SON JARDIN*, Éd. Géorama, 2e édition, 2016
- *CROZON. ULTIME PRESQU'ÎLE*, Éd. Géorama, 2014
- *QUIMPER*, Éd. Le Télégramme, 2013
- *JARDINS EN BRETAGNE*, Éd. Le Télégramme, 2012
- *TRÉGOR*, Éd. Géorama, 2011
- *FINISTÈRE OU LE TERRITOIRE DE L'EXTRÊME*, Éd. Le Télégramme, 2011
- *ROSCOFF - ÎLE DE BATZ*, Éd. Le Télégramme, 2011
- *SAINT-MALO*, Éd. Le Télégramme, 2009
- *CONCARNEAU*, Éd. Le Télégramme, 2009
- *BREST MÉTROPOLE OCÉANE*, Éd. ActYs, 2008
- *BRETAGNE PANORAMIQUE*, Éd. Play Bac, 2006
- *FINISTÈRE, AU DÉBUT DU MONDE*, Éd. Cargo noir, 1996

## Dans la même collection aux Éditions Géorama :

***Morbihan, terre de mégalithes*** (Jean-Yves André)
***Quimper & l'Odet*** (Marie-Christine Biet & Hervé Inisan)
***Abers*** (Hervé Quéméner & Jean-Yves Guillaume)
***Monts d'Arrée*** (Hervé Bellec & Jean-Yves Guillaume)
***Corse*** (Loïc Barreau)
***Rade de Brest*** (Anne Bergogne & Luc-Christophe Guillerm)
***Crozon*** (Hervé Quéméner & Jean-Yves Guillaume)
***Baie de Morlaix*** (François de Beaulieu & Hervé Ronné)
***Rêver Ouessant*** (Jacques Poullaouec & Hervé Inisan)
***Trégor*** (Erwan Chartier-Le Floch & Jean-Yves Guillaume)
***Monts & côteaux du Lyonnais*** (Sergio Cozzi)
***Les Boucles de la Seine*** (William Fautré)